每天一堂
北大团队管理课

Brent
编著

中国铁道出版社
CHINA RAILWAY PUBLISHING HOUSE

图书在版编目(CIP)数据

每天一堂北大团队管理课/Brent 编著. —北京：中国铁道出版社，2018.8

ISBN 978-7-113-23356-3

Ⅰ.①每… Ⅱ.①B… Ⅲ.①企业管理—组织管理学 Ⅳ.①F272.9

中国版本图书馆 CIP 数据核字(2017)第 162543 号

书　　名:每天一堂北大团队管理课
作　　者:Brent　编著

责任编辑:刘建玮　　**电　　话**:010-51873038
封面设计:MX(
电子信箱:liujw0827@163.com
责任校对:龚长江
责任印制:赵星辰

出版发行:中国铁道出版社(100054,北京市西城区右安门西街 8 号)
网　　址:http://www.tdpress.com
印　　刷:北京铭成印刷有限公司
版　　次:2018 年 8 月第 1 版　2018 年 8 月第 1 次印刷
开　　本:700 mm×1 000 mm　1/16　印张:12.5　字数:170 千
书　　号:ISBN 978-7-113-23356-3
定　　价:38.00 元

前言
Preface

团队管理到底有多难

团队管理一直都是所有管理者最关心的热门话题。在北大商学院听课间隙，很多老总都会谈到管理团队的问题，大家一起探讨，分享经验，总结教训，似乎总有说不完的内容。

一个团队，小到几个人，大到几万人，管理的方法不同，主旨却都是一样的，目的就是打造一支无坚不摧的精英队伍，让所有人都能发挥出最大潜能，并产生“1+1>2”的效果。为了实现这个目标，管理者必须掌握各种管理方法与技巧，提升管理能力，然后运用到实战之中。可实际操作中，你会发现，带团队根本没有想象中那么容易。

如果团队好带，就不会有那么多教人们怎么带团队的内容了，各种书籍、知识、培训课、实用技巧等，都在传达出一种信号：带好队伍没那么容易。

人是这个星球上最复杂的生物，因为有思想，不会像机器人那样好管理，输入指令就能去执行。人类一思考，上帝就发笑，管理者就头疼。简单的事要么做不好，要么不去做，不管你是领导还是老板，我就是不伺候。遇到这样的队伍你要怎么带？

开除！

再找人！

结果还是一样，怎么办？

折腾不起！

时间成本永远都是最贵的，所以每个企业都需要优秀的管理者，不仅能把员工捏合在一起，还能让他们发挥出最优效率。

这时候，优秀管理者的价值就显现出来了。一帮虾兵蟹将，放在一位杰出管理者手下，照样可以组成一支精英团队；而一群精兵强将，放在一位昏庸管理者手下，也只能是各自为战，难出效率。

从业多年，从毕业生做到小老板，混迹多个行业、多家公司，走过弯路，吃过苦头，期间也带过不少团队，同时因为工作关系，也见过、分析过很多团队，我深知这里面的学问。除非你的公司财大气粗，能够挖到想要的人才，否则想找一个满意的团队领袖，非常困难，有时候还需要一些运气。

我见过很多老总，高薪挖来了优秀管理者却不会用人，他们以个人意志为主，而不是从专业角度出发。既然有专业人才，又不听人家的，这不是既浪费钱财又浪费时间吗？结果只会出现两种情况：高薪请来的人要么受不了，辞职走人；要么索性混日子骗钱。

我来光华管理学院的目的很明确，就是为了结识更多的精英人才，来这里学习听课反倒是其次，毕竟在我看来，我的实战经验要比教授的理论强一些，而且我也是做培训与出版这一行的，团队管理也是我的核心内容。

这里很多同学跟我的目的一样，大家花费不菲的学费，就是为了能多认识一些优秀人士，互通有无。目前为止，我已经接到了三个单子，都是这些北大商学院同学给的，涉及项目咨询、团队管理、员工培训这些内容。我也去过其他同学的公司，了解过团队的状况，就我所见到的而言，没有一家公司的团队可以说毫无瑕疵。

我见过几位老总公司的管理层，有些人能力不凡，年薪百万元，但是管理水平却配不上他们的薪水；而有些管理者只拿着几千块的月薪，却把团队管理得井井有条。当然，我指的是管理效果，不考虑他们各自的能力水平。

小张是某知名房地产中介的销售主管，手底下管理着七八个人，月薪平均在万元上下，他的团队业绩始终名列前茅，而且团队成员出奇地团结，尽管来自四面八方，操着不同的口音，有着不同的生活习惯，但是在他的管理下，每个人都能彼此照顾，紧密合作。

要知道，在北京的房产中介以北方人居多，而这一行的从业门槛儿并不高，有些小伙的脾气不好，经常吵架。我就见过几个当面跟客户翻脸的小伙子，管理起来确实有难度。

这一行离职率很高，有些年轻人没干几天就走了，所以团队很不稳定。而小张的团队是个例外，三年了，没一个人离职，一是因为在小张的带领下，团队业绩始终名列前茅，所以薪水不低；二是因为大家关系都不错，上班很开心，所以没人离职。

这是一个小团队，相对大团队好管理，但是也能看出一个优秀管理者的重要性。所谓小团队靠领导，大团队靠制度，就是这个道理。

这是成功案例，不成功的案例则比比皆是，那些年薪百万元的管理者，手底下都是一群能力不凡的业界精英，按理说团队业绩应该有保证吧，可是团队每个人都有小九九，不团结，出工不出力，所以业绩很不理想，给公司造成了极大损失。拿着高薪，却不出活儿，这样的团队就该解散！

团队管理是一项很复杂的工作，不是一天两天，看了几本书，听了几堂课就能学会的，它需要长时间的实战经验。经验永远是最好的老师，任何说教都只是理论，没有实际应用就没有参考价值。本书同样只是参考，我把自己的经验、别人的经验分享出来，读者朋友看完了自己琢磨，结合自身的实际情况，找到适合自己团队的方法。多实践，不怕犯错，经验都是磨炼出来的，相信你的管理水平一定会越来越高。

目录

Contents

Part One　这样做，你就能组建一支精英团队

Part Two　没有制度，你的团队怎么管

Part Three　凝聚的力量:离开团队,你什么都不是

Part Four　中国好员工:高效能员工的提升训练

Part Five　管理者如何做出正确决策

Part Six　团队冲突的化解与管理

Part One

这样做，你就能组建一支精英团队

组建一支团队，你会选择什么人

组建一支精英团队几乎是所有管理者的梦想，但之所以称之为“梦想”，就是因为它不容易实现。谁都想把能力出众的精英招致麾下，但不是每家公司都是 Apple、Google、Facebook，你公司的吸引力，所能支付的薪水，各种福利制度等决定了所能找到的人才，所以作为管理者，必须学会在现有的资源中组建一支适合公司的优秀团队。

老肖是我在北大光华学院认识的，能说会道，经常跟导师一样给大家分析问题，我们也是听得津津有味。他是做金融起步的，炒股票，玩期货，据说开始一年挣几十万元，后来到了几百万元，最多的时候挣过一千多万元。

听着很神奇，不知道是有消息还是真股神，反正现在没那么牛了，改玩实业了，做有机大米，他认为将来很有发展。

听他说，当初他在组建团队时煞费苦心，不知道面试了多少人，虽然说只准备找五六个人，弄个小公司先起步，但是每个位置都必须是精英。

卖大米，最重要的是销售，他就从当时市场做得比较好的几家大公司挖人，然而问题来了，他既给不了高薪，也没有渠道优势，就是说销售人员拿不到高提成，所以来面试的要么看不上，要么给不起钱，让他很着急。其他岗位大致情况也是如此，在纠结了一段时间之后，他只能作罢，根据薪资水平找到了能力相符的员工。

老肖是一个精明的人，强调的是性价比，虽然住着千万豪宅，开着上百万的宝马汽车，但是很节俭，从不乱花钱，手机用三星的而不舍得买 iPhone。

用他的话说:“这破玩意儿不值那么多钱。”

的确,一个手机卖五六千确实有点贵了,但它绝不是“破玩意”,贵有贵的道理。挑选人才也是一样,基本上符合“一分钱一分货”的市场规律。

琢磨过来之后,老肖降低了要求,重新考虑团队的组建。考虑是新成立的公司,又要先把品牌打响,所以推广工作一定要做好,他找来了两个网络推广,一个是经验比较丰富的主管,另一个是没有经验却懂行的新人,这样工资结构就合理了。其实他看上的是那个新人的老公,有资源有技术,但是人家年薪二十多万元,请不起,于是找来了他老婆,也会做就是没经验,只给3 500元的月薪,非常划算。这样如果有问题,她解决不了的,他老公就会帮忙,而且都是免费的。

再看销售,他给出了一个比较高的薪水,月薪4 000元加提成,挖过来两位很有经验的销售人员,一个是做食品的,一个是卖二手房的;前者懂行,后者能说会道非常老道,能力绝不亚于同行业薪资在六七千元的从业者。他说:“没经验不要紧,干两天就会了。”

老肖这种一带一的方式确实精明,一个懂行的,一个不懂但能力强的,很快就能学会。

此外,他还找了一个文案,是一位写书的作家。这一点我持怀疑态度,不过他认为,只要文案写得深入人心,消费者就会买。

再配上一个老家的司机,连开车带搬货3 000块一个月;一个客服兼前台,也是3 000块一个月。就这样,团队组建完毕,公司就运转起来了。

在很多人眼里,这绝不是一个精英团队,而是一支东拼西凑的杂牌军。然而,它的效果却相当不错,以最低的薪水组建了一支逐步变得高效的团队,让很多老板钦佩不已,可能这也是很多学员喜欢跟老肖交流的缘故吧。

讲这个故事的用意并非强调性价比,而是对于团队成员的选择来说,适合的才是最好的。

对此,北大教授也讲授了相关课程,引用的是通用公司的案例。

美国通用电气公司在招聘人才方面有着独特的策略,简单来说就是只选对的,不选贵的。相比于工作经验来说,他们更加重视员工的个人才华,所以经常选用一些刚毕业但却极其聪明的学生。

一次,通用公司招聘市场人员,面试官最终录用了一位没有任何市场工作经验的中国员工,放弃了来自美国本土的员工。原因很简单,管理层充分考虑了开拓市场中的本土化作用。在他们看来,适合的才是最好的。

那么,如果让你组建一支团队,你会选择什么人?

北大学堂:贝尔宾团队角色理论——完美团队的九种角色

贝尔宾团队角色理论由英国剑桥大学雷蒙德·梅瑞狄斯·贝尔宾博士(Dr. Raymond Meredith Belbin)提出,并首次出现在他的作品《管理团队:成败启示录》(*Management Teams:Why They Succeed or Fail*,1981)一书中。九种角色分别为:

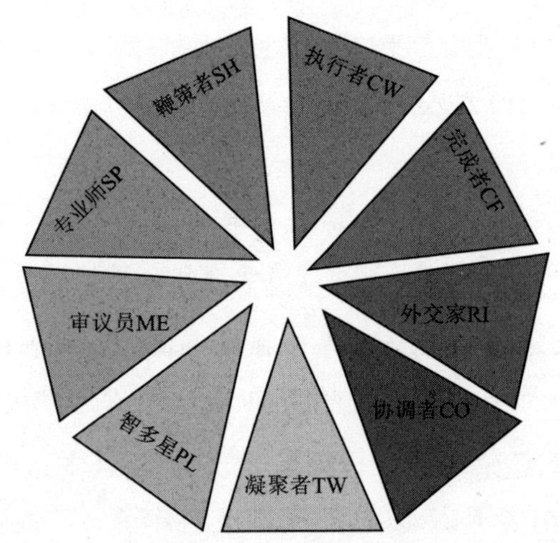

- ◆ 鞭策者 SH(Shaper)——领导并激励他人完成团队工作进度
- ◆ 执行者 CW(Company Worker,or Implementer)——高效的办事人员
- ◆ 完成者 CF(Completer Finisher)——喜欢独立完成任务
- ◆ 外交家 RI(Resource Investigator)——善于交往与打探市场信息

◆ 协调者 CO(Coordinator)——善于处理人际关系、凝聚团队

◆ 凝聚者 TW(Teamworker)——热衷合作，乐于助人

◆ 智多星 PL(Planter)——团队的智囊级人物

◆ 审议员 ME(Monitor evaluator)——善于监察和考核团队的表现

◆ 专业师 SP(Specialist)——具有专业知识、经验及技能的专家（贝尔宾在 1988 年补充加入）

这是贝尔宾眼中完美团队的九种角色，要使工作团队发挥最优效果，就需要妥善安排最适当的人员担当相应的职责。详情见 belbin-Learnmart 贝尔宾中国唯一官方机构。

网址如下。

http://www.learnmart.cn/tdjs-483-491-587.html

图解分析——贝尔宾团队角色分析表

有一份非常有名的贝尔宾团队角色自测试卷，感兴趣的朋友可以到贝尔宾官网进行测试。下面是一个简单的团队角色分析表：

◆ 鞭策者 SH(Shaper)——领导并激励他人完成团队工作进度

角色描述：公司领导人、老板、最终决策者。他们在很大程度上决定了团队的走向。一支团队是否优秀，很大程度上取决于团队领导人。

典型特征：思维敏捷，性格开朗，积极开拓，喜欢挑战。

作用：率领团队，推动团队前进，最终决策。

优点：积极，有干劲，能力强。

缺点：性格急躁。

◆ 执行者 CW(Company Worker，or Implementer)——高效的办事人员

角色描述：团队实际办事人员，任务落实者。

典型特征：干练，行动力强。

作用：高效执行领导布置的各项任务，属于得力干将。

优点：效率高，执行力强。

缺点：粗心，忽视细节，不爱动脑子。

◆ 完成者 CF(Completer Finisher)——喜欢独立完成任务

角色描述：追求完美的工作者。

典型特征：勤奋认真，有紧迫感，持之以恒。

作用：确保任务按时完成，发现方案中的错误、遗漏和被忽视的内容，刺激团队成员保持紧迫感。

优点：时间观念强，工作认真。

缺点：追求完美，拘泥于细节，因此容易焦虑。

◆ 外交家 RI(Resource Investigator)——善于交往与打探市场信息

角色描述：外交家善于交流，热爱社交，并热衷于信息收集，对于信息的更新极为敏感，能够为公司提供第一手信息。

典型特征：外向，热情，好奇，善于观察，喜欢交际。

作用：为公司获取第一手信息，与市场保持同步，调查团队内外的各种信息，帮助管理者做出判断。

优点：善于交往，喜欢新鲜事物，敢于接受挑战。

缺点：持久力不足，注意力差，兴趣难以维持，所以经常跳槽。

◆ 协调者 CO(Coordinator)——善于处理人际关系、凝聚团队

角色描述：善于引导团队成员向着共同的目标努力，有权威，公信力高，善于处理人际关系。

典型特征：自信，控制力强，具有感召力。

作用：处理团队人际关系，解决矛盾，让团队成员凝聚在一起。

优点:人缘好,待人公平,亲和力强。

缺点:创造力不足,没有特别突出的个人能力。

◆ 凝聚者 TW(Teamworker)——热衷合作乐于助人

角色描述:团队核心,将团队捏合在一起的关键人物。

典型特征:性格温和,善于交际,关心他人,高度的责任心。

作用:促成合作,督促任务保质保量完成,在团队中活力四射,传递给同事正能量。

优点:效率高,有责任心。

缺点:面对危机优柔寡断。

◆ 智多星 PL(Planter)——团队的智囊级人物

角色描述:思路开阔,想象力丰富,能够紧跟市场需求,想出极富创意的点子。他们是老板、总经理最欣赏的人才,能常为公司出谋划策。

典型特征:有创意,想象力丰富。

作用:为公司提供最新的想法,开拓新思路,在项目初始阶段或陷入困境时,创新者的能力显得尤为重要。

优点:富于想象力,博学多才,求知欲强。

缺点:好高骛远,执行力较差,点子有时不切实际,忽视细节,性格内向,人际关系差。

◆ 审议员 ME(Monitor evaluator)——善于监察和考核团队的表现

角色描述:团队中最谨慎的人,善于观察团队出现的各种问题,盯紧进度。

典型特征:性格严谨,遇事冷静,判断准确。

作用:善于观察与分析,能够从整体上把握团队发展方向,善于权衡利弊做出最优方案。

优点:善于观察,冷静,判断、辨别能力强。

缺点：冷漠，过于保守，人际关系差。

◆ 专业师 SP(Specialist)——具有专业知识、经验及技能的专家(贝尔宾在 1988 年补充加入)

角色描述：某方面的专家，技术人员。

典型特征：知识丰富，技术水平高。

作用：在技术方面起到决定性作用，权威人士。

优点：技术能力出众。

缺点：情商低，人际关系差，对于不懂行的人时常表现出明显的不耐烦情绪。

为什么管理者都青睐狼性团队

在众多团队类型中，狼性团队永远是战斗力最强的队伍，也是领导者最喜欢的。在这样的团队中，每个队员都充满狼性，斗志昂扬，他们拥有明确的目标，无须激励，总能在任何时刻保持热情，并以充沛的精力投入到战斗之中。

狼性团队几乎具备了一切优秀团队具备的品质，他们强调合作，团结一心，拥有明确的目标，且耐性十足，在达到目的、完成目标之前，能够忍受长时间的蛰伏，而一旦时机成熟，每个人都会爆发出强大的动能，在短时间内拿下目标。

在北大商学院的课程上，无论是讲师还是那些老板级学员，都会经常提到狼性团队的案例，其中有一个关于狼群捕猎的故事让我记忆尤深：

黄羊是草原上奔跑速度最快的动物之一，当它们全速奔跑时狼群是根本无法追及的，狼王很清楚这一点，为了填饱肚子，它们知道必须采用埋伏的方式围猎羊群，而这一过程中，狼群面对如此诱人的“美食”表现出的耐心令人惊叹。

当狼群悄悄布下埋伏，将一群正在吃草的黄羊围住后，狼王并没有下令进攻，而是耐心地等待。狼群忍受着饥饿，等待着狼王的信号。美味面前，群狼竟然能够保持耐性，反映出这是一个纪律性很强的团队，狼王不发出进攻的口号，任何成员都不会轻举妄动。

它们耐心等待着，看着羊群静静地吃草，完全没有意识到危险，就这样过去了两个小时，羊群吃饱了，有些黄羊的肚子吃得鼓了起来，这时狼王意识到机会来了，这群吃撑了的黄羊已经跑不快了，于是发出进攻的信号，群狼一拥而上。

被突然出现的狼群吓惊了，羊群四散奔逃，但是速度提不起来了，因为实在吃得太多了，一场屠杀上演了：一面是饿疯了的狼群，一面是吃饱了跑不动的黄羊！

看到这里，终于明白了狼群不进攻的原因，人们对于它们的耐性无不感到震惊。这个世界上从来没有一蹴而就的成功，没有卧薪尝胆的过程，也就没有甜蜜的结局。

如今公司中挑大梁的员工都是年轻人，很多都是“90后”，在耐性这方面表现极差。他们总是期望在短时间内见到实际效益，甚至期望一两年内就能从月薪3 000元达到年薪100 000元。我不是说这不可能，但是凡事都有一个过程，在我带领过的团队中，这样的现象很常见，很多年轻人刚来公司没几天，就觉得这里不好，那里不好，肯定没前途，于是甩手走人。

你连公司的门都没认清，凭什么觉得肯定没戏？再说了，如果是大公司，你能入职的概率又有多少？为什么就不能跟公司，跟你的团队一起努力，说不定未来你就成为了公司元老。

年轻人考虑问题缺乏宏观视角，短视是弊病，所以在组建狼性团队时，尽可能选一些成熟的员工，这也免去了口舌之苦。有时候你苦口婆心讲了半天道理，他们要么听不懂，要么不屑一顾，犯不上跟他们浪费这工夫。

打造狼性团队，选材自然要严格，进入团队的所有成员都必须是之前公司的精英，每个人都要具备独当一面的能力，这是基本前提，然而问题也会随之而来,这就是“独狼现象”。

在面试的时候,再有经验的 HR 也不可能看出一个人是否合群,领导也一样,只能考察他们的能力,很难看出其个人秉性。

好不容易找到这么出色的人才,绝不能因为不合群而放弃,这就要求管理者帮助他们快速融入团队。

在北大商学院上过课的 Peter 对我说:“独狼现象只有两种情况,要么员工还不够成熟,要么团队包容性差。前者没有好办法,只能等其自己搞明白;后者则是管理者的问题,没有营造出一个足够适合的环境接纳、同化他们。”

Peter 也是一家电气公司的中国区董事,如今已经快退休了,见多识广,当他跟我讲完这段话后,我立刻想起了北京金隅篮球队的马布里。

在北京,人们习惯称马布里为“老马”“政委”“豆豆”,可见他在团队中的影响力与亲和力。要知道,马布里曾经是 NBA 最出名的“独狼”,如今摇身一变,成为中国篮球联赛最杰出的领袖之一,率领北京男篮四年三次夺得总冠军。

从“独狼”到领袖,马布里完成了一次人生的蜕变,他的成功主要有两点原因:其一,个人的成熟;其二,团队的环境。

团队管理者充分认识到了马布里的重要作用,给了他一定的特权,让他将个人能力百分百地发挥出来,同时充分带动了整个团队。在北京金隅这个全新的团队中,马布里不仅能力得到了认可,同时与其他成员搞好了关系,他不再像之前在 NBA 时一样单打独斗,而是无私分球组织,起到了很好的串联作用。

所以说,作为管理者,当你面对一匹独狼时,首先要认识到他的重要作用,其次是让他很好地融入团队,从而帮助团队取得更好的成绩。

团队环境是很重要的,它是留住优秀人才的重要一环。马布里在来到中国后的第一站是山西,之后是佛山,然后才是北京,为什么前两站马布里没能做得这么出色,甚至还跟某些俱乐部闹出了不愉快?

环境!

作为管理者,一定不能忽视团队氛围的建设,尤其是当一群精英在一起时，如何处理其中的关系，怎么把这些人的力量拧成一股绳，这考验着一个管理者的水平。

说完了“独狼”的处理方式，再来谈谈“狼王”。虽然狼群中每位成员的能力都很强，但是它们依然非常尊重与畏惧狼王，并且完全服从。在狼性团队中，一位优秀的管理者会让所有成员信服，并带领一群精英不断创造出更高的业绩。

率领一支狼性团队，狼王的作用至关重要。作为团队领袖，各方面能力都必须非常出色，尤其是在管理方面，你要将一群个性十足的员工管理好，首先需要得到他们的认可。

马布里从“独狼”变“狼王”的案例是非常好的管理案例，北京队看到了马布里的领袖潜质，于是将他打造为众狼之首，由于他的个人能力、魅力超强，很容易就征服了其他队员，于是所有人都能在他的调度下积极配合，更好地合作，将发生矛盾的概率降到最低。

在一个团队中，“头狼”的作用不可忽视，尤其是精英群体，每个人都是能力超强的好手，听谁的，不听谁的？如果没有一个领袖站出来，很可能造成各自为战的情况，如果这样团队就会变为一盘散沙。

定谁为“头狼”，这也是管理者需要仔细考虑的问题，一旦“头狼”不能服众，那么就该出乱子了。

北大学堂：目标设计

对于管理者来说，管理一支精英团队，最重要的是了解每位成员的性格，这是一群由狼性员工组建的队伍，每个人都拥有明确的奋斗目标，他们不怕活儿多辛苦，怕的就是看不到希望。对于这样的队伍，管理者在感到欣慰的同时，也要制订出相应的计划，给队员们绘制一幅可以期待的美好蓝图。其中，最重要的就是目标的设定。

领导一群优秀的人，如果只给他们制定出一些小目标，完全不能满足他们的胃口，很快就会让他们对领导层产生怀疑，从而各奔前程。所以，管理者在设定目标时，不仅要制定出行之有效的宏伟目标，还要精细化，给出每一个阶段需要完成的任务。下面以一群刚毕业的北大毕业生为例，分四步设定目标：

A. 人生终极目标

制定终极目标非常困难，随口说一个远大的目标并不难，但是谁都能听出来它的可行性，所以，管理者必须分析每一位成员的性格特点，询问他们的志向、兴趣爱好、未来期待……你要做的不仅是成为一位好领导，更要成为他们的人生导师。

B. 长期目标

长期目标可以是十年计划、五年计划，假设你带领着一群清华、北大的名校毕业生，任何务虚的承诺都是毫无必要的，如果你的公司实力足够雄厚，你的团队足够优秀，制订长远的五年计划或许是个不错的选择。在五年的时间内，你要明确告知这群年轻人，能够将他们带到什么高度，帮助他们成为业内精英，甚至告知他们，未来可以拿到的年薪范围。

C. 中期目标

中期目标是指两到三年内可以实现的目标，以北大毕业生为例，在两到三年的时间内，熟悉所在行业，完成必备技能的学习，包括英文能力、技术水平、人际关系储备等。

D. 短期目标

短时间内需要完成的任务，比如快速熟悉公司业务，熟悉公司的同事，短期内融入团队，帮助其他同事做好辅助性工作，尽早实现独立工作。

图解分析——目标设计图

以此图为例，倒叙讲解，该学生拥有很强的目标规划能力，他给自己设定的人生终极目标为：成为上市公司的老总，那么，为了这个伟大的志向，他开始设计每一个小目标。

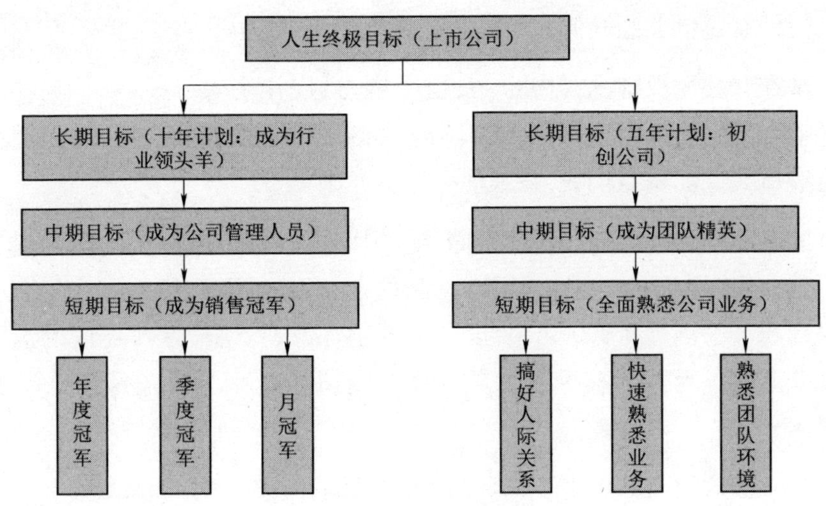

某北大毕业生的目标设计图

首先，他要熟悉团队环境、熟悉业务、搞好人际关系。当然还有更多小目标，就不逐一列出来了。

然后，他开始设计短期目标，包括全面熟悉公司业务，成为公司销售冠军。

之后，他将中期目标定为快速成长为团队精英，并做到公司管理层。

接下来是长期目标，他要在五年内创立自己的公司，当然，即便对于一个北大毕业生来说，五年就拥有自己的公司，也是不小的挑战。而在十年之内，他要成为行业领头羊，可见他的野心不小。

最后是终极目标，就是带领公司上市。

团队最佳人数是多少

在这个全民创业的时代，很多人充满激情地开始了创业之旅，然而他们的创业之路真的会一帆风顺吗？

任何有过创业经验的人可能都会笑出声来,成功没那么简单。

现在开公司很容易,“办个照,租个地方,找几个人,这不结了吗?”来自齐齐哈尔的大张经常这样跟我说。他下海经商已经有十余年了,到现在也还是靠倒买倒卖赚点小钱,看来他说的不靠谱。

的确,注册公司很容易,你不懂,随便找个代理公司就行了,但是最贵的是租金,尤其是北上广这些大城市。我住在北京东四环,街面那些老旧小区的底商起步价都是 7 000 元了,再加上转手几次,听说一家卖卷饼的盘下来要 1.6 万元。天哪,他一天到底要卖多少卷饼才能够本啊。不出三个月,关门了。

写字楼的租金就更贵了,老婆曾在三里屯一家公司上班,150 平方米的办公室,一年租金 144 万元,人员工资 60 万元,据说投资人是煤老板,在国贸还有一处办公室,不办公,就为了谈事用,因为有面儿。

也许是他们钱赚得太容易了,或许是中国人做生意吃这一套,反正我认识的很多老板都比较贪大,能租写字楼绝不租民宅。然而,除了那些做得好的,其他人要么渐渐搬出了昂贵的写字楼,要么公司倒闭散伙。前面提到的那个煤老板,坚持了两年,一大堆项目没有赚钱的,结果公司申请破产,员工被拖欠了半年的薪水至今杳无音讯。

租金绝对是最烧钱的一块,而工资则是又一个费钱的地方。这就要求老板们严格控制团队人数,不要盲目贪大。

我去台湾考察时,发现遍地都是小公司,两三个人,租一家民宅,就是一间公司,生意照样做得风生水起。台湾人笑谈:“你们大陆人有钱,都是大公司,我们没法比。”谁都听得出来,这话不无揶揄人的意味。

也许是中国人爱面子的传统作祟,我认识很多老板,都喜欢盲目扩张,大办公室,动辄几十人的员工,他们说“看上去有派头”。

朱总就是一个,他是一家文化公司的老总,当年靠着一本人们耳熟能详的畅销书起家,之后开始涉足培训业务,员工最多的时候大概有八十多人,我去过他们公司,在紫竹院那边,那会儿因为有钱,买了一间写字楼,这也许是他最明智的一步棋。然后还租了一间 80 平方米的写字楼,租金不菲。还在杭州开了一家分公司,就安排一两个人在那边接活儿。

朱总想当大老板,每天开会看着七八十号人,他打心眼里高兴。不过好景不长,你不可能本本都是畅销书,随着图书市场以及培训市场的冷淡,他的员工人数开始骤减,最后租金也交不起了,搬出了写字楼。

到现在,他终于认识到形势严峻,关了分公司,人员裁减到十几个,终于开始按照小公司的模式运营了。

那么,在组建团队的问题上,到底多少人合适呢?我的建议是能用十个人,绝不用十一个。以北京为例,一个人就算给 3 000 元的月薪,再加上各项保险费用,一年下来也不少钱,而且这样的薪资只能招到非常普通的"人才"。

《财富》杂志刊登过一篇名为《如何建立一支卓越的团队》的文章,里面谈到 4～6 人就能够让团队达到最高效率。

4～6 人正是一些小公司的人员配置,在很大程度上,这也是它们能够维生的关键原因之一。关于团队规模的问题,早就被很多管理专家研究过,沃顿商学院管理学教授珍妮弗·S·缪勒说:"早在社会心理学初创时期,就有人提出团队规模的问题。"

北大管理课程中曾提到法国农业工程师马克西米利安·林格尔曼的拉绳实验,林格尔曼提到,拉绳子的人越多,人均出力越少。我们的国企就存在这样的问题,人浮于事,动辄成百上千的工作人员,却起不到应有的作用。

其实员工心里也不乐意,因为钱太少所以才不干活,他们不怕多干活,只要能拿到相应的工资就行。前几天跟一个做音频的哥们聊天,他让我帮忙找场地,有一个电视剧需要录制音频,几百万元的项目。

我问他,"你一个月赚多少钱?"

"一两万元吧,最近没上班,倒腾项目。"

"这单活儿下来你赚多少?"

"至少几十万元啊。"

我没直说，只是委婉地告诉他，这单子你可能做不了。

在我看来，当收入明显与能力不匹配时，再深聊就是浪费时间。于是转向别的话题，闲聊中得知他之前工作的那家国企，员工的收入降了三分之一，原因是单位又招了很多新员工，每个人的任务少了，收入自然降低了。

员工的积极性大减，所以都在外面自己找私活儿干。大型团队都会面临“社会惰性”的问题，所以缪勒以及沃顿商学院的其他管理学家都认为，在组建一支高效团队时，规模并不一定是首先要考虑的事。

那么，团队最佳人数到底是多少？在我看来，小公司 4～6 人足够了，一些规模较大的公司，在组建团队时一定要秉持“人尽其才”的原则，让每个人将最大的潜能发挥出来。从老板的角度来说，你要想办法充分激发员工的潜能，当然也要付给员工相应的薪水。

北大学堂：沃顿商学院管理学教授的建议

宾夕法尼亚大学的沃顿商学院享誉世界，是全球几个顶级商学院之一，成立于 1881 年，是美国第一所大学商学院。从这里走出过无数商界精英，它们还致力于为商界提供深入研究。

沃顿商学院的教授曾针对团队规模等问题给出过几点建议，现整理总结如下：

第一，弄清楚团队即将承担什么任务。作为领导者，你将组建一支怎样的团队，是销售团队，还是财务团队抑或是人力资源团队。定位清晰之后，你就知道该找什么样的员工了。

第二，团队将如何构成？人们在工作中需要运用哪些技能？包括个人风格、工作方式、知识基础、技能储备等，要确保这一切与任务相适合。

第三，团队规模问题。克莱因教授认为，当团队达到 8 或 9 人以上时，就会显露出社会惰性，有人开始偷懒，混日子，而且容易导致派系丛生，效率开始下降。

缪勒教授说："在规模大于五个人后，人们在团队中的拉力发生收益递减。但是除非缺乏动力或承担强制性任务，否则人们不会愿意显露社会惰性。或者如果这个任务乏善可陈，他们更有可能显示惰性。如果你问经理们这个问题，他们会说：'我正在为偷懒和搭便车的现象烦恼。"

偷懒(社会惰性)指的是在群体背景下个人努力的减少，而搭便车则是理性的利己主义行为。如果一个人得不到什么激励，他会说："我要搭便车'，即不会积极参与。以上两个概念很难区分，但是它们殊途同归。"

图解分析——团队规模表

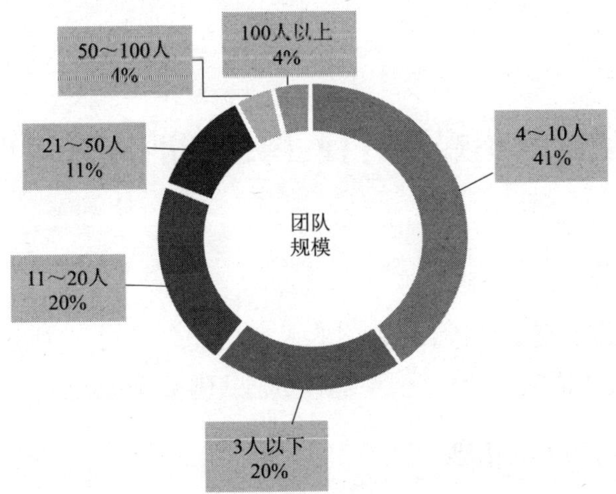

这张表格来自 Cocoa China 2014 年发起的一次调查问卷，针对的是 iOS 开发公司以及开发者的收入及生存状况。该报告以 Cocoa China 网站用户为基础，总样本数量为 4 786，调研时间为 2014 年 12 月 16 日～2015 年 1 月 31 日。

这是一张公司团队规模的表格，我们可以清晰地看到，成员在 4～10 人的公司居多，占了 41%，符合沃顿商学院提出的最佳团队人数；另外 3 人以下的微小公司也占了 20%，规模在 50～100 人的只占了 4%，100 人以上的大公司也只有 4%。

这只是某个行业某个领域的调查问卷，但却可以看出保持最优团队人数的重要性,尤其是技术开发公司,一个人一个坑,他们的薪水普遍较高,当然也要完成相应的任务量。

朋友阿虎是一名资深程序员,曾去一家科技公司面试,对方开出了税后2.5万元的薪资,这比他之前的待遇几乎翻了一倍,结果阿虎刚到公司来了一天就辞职了,因为在开会的时候,老板给他安排了几乎是三个人的工作量,可见,高薪不是白拿的。

从另一方面可以看出,这些科技公司在组建团队的时候很务实,一是行业薪水的确很高,二是公司以技术人员为主,所以他们的团队规模都是相对最优结构,不会浪费资源。

三条腿的蛤蟆不好找,两条腿的人才也难寻

"三条腿的蛤蟆不好找,两条腿的人有的是",这句讽刺意味十足的话,在今天高端人才稀缺的时代,很可能让那些 HR 们乐不出来了。

招人容易,找人才很难!

信息时代,找人很容易,在大型招聘网站发一条广告,就会有一堆人过来面试,然而一轮又一轮面试下来,却发现没有自己中意的人选。

面试是很讲究技巧的,对于管理者来说,考验的是选人的眼光。在人事部第一轮程式化选才之后,就要看管理者的水平了。

一般来说,简单的一两次面谈很难看准,有些候选人善于临场发挥,能说会道,但入职之后却发现并没有他们自己说的那么好;有些人则属于实干型,可能不会说,表现力又差,但工作能力确实了得,很多眼光差的管理者都会错失这些真正的人才。

第一种情况很常见,没什么好讲的,针对第二种情况,谈谈个人看法。

阿虎是我的朋友,一名资深程序员,技术水平过硬,属于中等偏上的层次。爱钻研,人也老实,唯一的缺点是情商不高,当然程序员的通病可能是不善言辞,表现力差。

有一阵,阿虎跳槽很频繁,曾在一年之内换了三份工作,薪水一次比一次高。最近,他又开始跳槽了,并跟我讲了面试时的经历。

他先后去了四五家公司面试,前几家都是先由人力资源部职员进行第一轮面试。第一家还好,到了第二家公司,他就不耐烦了。对于这种专业性人才,人事专员能做的其实不多,大部分都不懂,只能简单询问一些基本情况,然后安排第二次复试。大家工作都很忙,没人喜欢白跑一趟,阿虎由于不善表达,同时心情烦躁,当场发飙,把人事部的小姑娘问哭了。

原因就是小姑娘问了一些自己不懂又很专业的问题,阿虎没这个耐心,挖苦讽刺了一番,结果当场就把小女孩说哭了。技术部主管还没来,他就一气之下走人了。

从管理者的角度来看,我认为很多 HR 的初试很没必要,简单问几句走走形式,耽误彼此时间。对于刚毕业的学生可能有点用,但是对于层次高一点的职位来说,就是在耽误时间。有些公司面试不够灵活,给不出高薪,形式却很复杂,初试一天,复试一天,见总监一天,见老板又一天。试想,一个真正重要的人才,哪会有这么多时间?你又不是百度、谷歌?这样做的结果就是,很可能因为烦琐的程序错过了理想的人选。

阿虎就是一个例子,他因为不耐烦而导致几次面试不欢而散。后来,他又来到一家公司,这回电话里说的很清楚,直接见老板,结果还是没谈成。问题出在了双方身上,那家科技公司的老板并非专业出身,而技术部总监当天又不在公司,他把阿虎约过去半懂不懂聊了半天,当老板还在为具体技术问题纠结时,阿虎又受不了了,甩手走人。

当然,像阿虎这样有个性的面试者也不多,不过如果面试者能够更谨慎地对待,说不定就能谈成。毕竟,阿虎的能力绝对能够胜任,而且他要的薪水不算很高,工作能力却可以达到技术主管的水平。

总之,面试这一环非常重要,考验的是招聘者的眼光,但凡有真才实学的人，哪个没点个性？像对待毕业生一样层层考核，不管是不是公司规定，他们也不会喜欢的，这就可能错失很多合适的人选。

作为管理者，如果拿到一份亮眼的简历，一定要重视起来，走形式的思路可以放一放，关键看谈的过程。比如招聘技术人员，如果对方的能力、经验正好适合你的团队，那就抓紧签了他，没准一出门这些人就能接到薪水更高的邀约。

再来聊聊招聘眼光这件事，这绝对是经验的积累，唯有阅人无数之后，才可能选得比较准确。在这方面，我也有一定的经验，但由于不是本职工作，看准的少，看偏的多。谈谈为数不多的几次成功选人经历吧。

曾经受王总之托帮忙选一个销售人员，说实话王总公司很不正规，没几个人，一次酒后闲聊，让我去他们公司看看，顺道帮忙“掺和”一下面试。不知道在此之前，他们因为这样的态度让多少人白跑了一趟。

王总公司不大，做食品的，好像是东北黑木耳这类产品，租了一间民居做办公室，员工薪水也不高，还好活儿不多，大家也就在这凑合着干。因为之前的销售跳槽了，所以这回他想找个能干点的。

为了节省成本，他们在58同城这样的地方打的免费招聘广告，可想而知过来的也不会是太厉害的角色。

面试之前，我先在他们公司转了一圈，发现整个氛围死气沉沉的，而且工作人员以男性居多，只有一个大姐兼职做会计，一个月来不了几次。

心中大概有数了，他们需要一个有活力的新人把办公室氛围调动起来，最好还是个女孩，这样能够带动大家干活的动力。

在看过两个毕业生以及一个隔行的面试者之后，终于来了一位靠谱的人选，是个女孩，年纪不大，也就一两年同行业销售经验。王总看完简历之后并不满意，但我想多问几句。

“你做食品这行几年了？”

“快两年了。”

“渠道都熟悉吗？”

“熟悉啊,刚做了半年我就弄明白了,跟超市那些大哥大姐混的可好呢。”

……

就这样聊了起来,小姑娘特能说,滔滔不绝讲了半天,我也似懂非懂,听着的时候多。聊着聊着,王总也来了兴趣,开始加入进来,那深森家的木耳怎么样?维多宝家的呢?

小姑娘知道的还挺多,看来真是“门清”,老总也从聊天中了解了不少竞争对手的近况。我觉得基本差不多了,跟王总使了个眼色,让姑娘回去等消息。

小姑娘走后,我跟王总说:“就她吧,挺好的。”

“不用再看看了?”王总问。

“嗯,不用了,这个姑娘肯定好使,业务水平不差,渠道都门清,关键她性格好,你这办公室死气沉沉,需要这样一个角色把大家调动起来。”我答。

就这样,小姑娘周一就过来入职了。前一阵碰上王总,他说要请我吃饭,就是因为这个姑娘,他们公司整体氛围都好转了。小女孩干劲足,不满足那点死工资,想多拿提成,所以工作很努力,把同事的积极性也带动起来了。最关键的是,办公室的气氛开始活跃起来,大家沟通多了,关系也融洽了。

可把王总乐坏了,请我搓了一顿顺峰。

在这个案例中,招聘者的眼光与远见起到了作用,表象的东西都能聊出来,工作经验、渠道这些都差不多,在薪水范畴内,很少会找到特别厉害的角色。而性格开朗则属于附加值,尤其是女孩,更加适合王总当时的团队。如我所料,她也顺利融入团队,并带来了正能量。

北大学堂:顶级人才招聘攻略

在北大上课的时候,讲到过 The Adler Group 总裁 Lou Adler 的一篇文章,讲的是如何招聘到顶级人才,在这篇文章的基础上,结合国内情况,我总结如下。

先说明一点,The Adler Group 是一家咨询培训公司。在 Lou Adler 看来,想要找到顶级人才,就要向求职者表述这样的理念:公司提供的不仅是一份维持生计的职位,而是一个更好的可以期待的未来。

A. 提供有吸引力的工作描述

很多 HR 并不重视工作描述,在招聘广告方面就可以看出,几乎千篇一律,那么你找到的人才也是大众型的。Lou Adler 介绍说,传统的工作描述通常会罗列公司所要求的技能、资历以及工作经历等,它发挥不了营销工具的作用,他建议尽量少用这种描述方式。

招聘者要学会换位思考,不要总想着自己要找什么样的人才,虽说是最终目的,但在工作描述方面,要从求职者的角度来写。比如强调他将在这个岗位上学到什么,未来可以做到什么职位,工作环境,企业文化,培训机制等。当然,关键是能拿到多少薪水。

一个有吸引力的工作描述是很有效的,非常适合理想化的求职者。

B. 提高招聘团队的责任感

提高人力资源部的责任感,就必须施加相应的压力。你可以告诉人事总监,你不仅要的是一位合格的人才,更重要的是转化而来的工作成果。找人,并让他们完成实际工作中的绩效目标,这样的压力就会增加人力资源部的责任感。

C. 主动出击,多渠道挖人

顶级人才根本用不到四处求职找工作,他们很可能会通过人脉,比如联系以前的同事,帮忙推荐。这就需要人力资源部的员工主动出击,利用自己的人脉挖掘顶级人才,如果暂时没有合适的,也要跟这些顶级人才保持联系,以确保他们有变动工作需求时能够想到你。除了招聘广告,HR 一定要多渠道挖掘人才。

D. 招聘者的重要作用

时至今日，招聘者的作用不再是考官的角色，当他们面对一群顶级人才时，最好的方法就是成为伙伴。招聘者不要以自我为中心，要替面试者考虑，合理的面试环节，尽可能节省这些人才的时间。另外还要根据面试者的情况以及公司的情况，给出发展方案，帮助他们解决职业瓶颈等具体问题。

E. 钱不够，机会补

顶级人才从来都不便宜，如果你的公司给不出他们要求的薪资，那么能做的就是提供更多的机会。比如，为他们提供更高的职位，更大的权限，更多的渠道等。这些高水平人才，是不会错过任何好机会的，这样你就可以付出相对较少的薪水挖到这些人了。

图解分析——面试考察关键点

初次面试，有几个方面是务必需要关注的，如图所示，这几方面是我认为比较重要的：

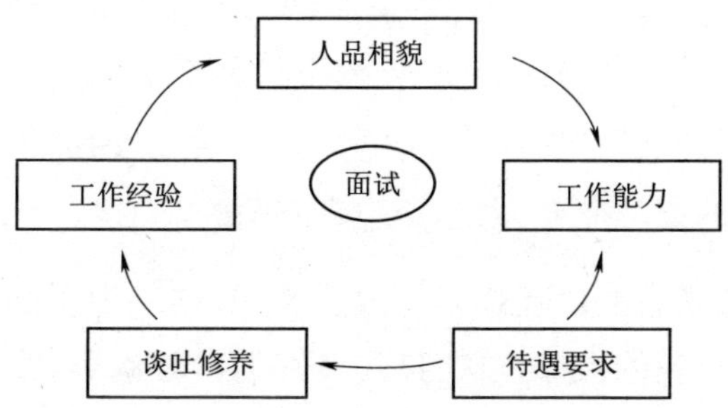

人品相貌：虽说不能以貌取人，但是在实际面试过程中，要做到这一点几乎不可能。心理学中的光环效应讲的就是这个道理，相貌好的人更容易被录取。北大光华管理学院的案例中，提到了任职于田纳西中部大学的金融学教授 Sean Salter 的一篇论文，讲的是相貌越好的经纪人成交率和薪水越高。

经济学家们也曾以美国人和加拿大人作为调查对象，发现相貌好的人收入要比相貌平平者高出12%～14%。而在求职过程中，容貌出众者胜出的概率有时甚至超过能力与经验。

美国密歇根州立大学的信息科学教授Markus M. Mobius总结出了三点原因：

1. 外貌上的优势会让人变得更加自信，继而在工作中表现更好，工资也会更高；

2. 在上司眼中，自信的员工能力更强；

3. 自信的人交往能力更强，更利于升职加薪。

至于人品，可以通过提问进行判断，但在短期内不容易察觉，而相貌则可以一目了然。

工作经验：具体工作经验完全可以从简历上看出来，面试者只需要通过对话，判断对方所说是否属实。你要了解应聘者之前在哪工作，具体职位，在这一行做了多久，有什么渠道、人际等，以便对他的工作经验做出准确判断。

工作能力：面试者通过交谈，了解应聘者的工作能力很重要，这样方便判断他们具体能做什么，做得如何，考察他们的能力是否符合团队要求。面试者可以通过具体问题，考察应聘者的知识水平、学习能力、分析能力等，通过交谈了解他们的语言能力，人际交往等方面的能力。

谈吐修养：应聘者的谈吐修养是很重要的，这决定了他是否可以更好地融入团队。一位出色的人才，一定具备良好的谈吐修养，跟这样的人说话会感到很舒服。反之，如果公司招入一个品位修养较差的人，很可能会破坏整个团队的氛围，所以面试者必须注意这一点。

待遇要求：面试者要询问应聘者对待遇的要求，尤其是可以接受的最低薪资，如果高于预期，便可以决定面试时间的长短。文筹网副总老朱还在做广告公司那会，来了一位北大毕业生，张嘴就要8 000元月薪，这已经超出了他的心理预期，所以接下来的面试意义就不大了，为了节省时间，他尽快结束了这次面试。

如果你的公司有严格的薪资上限，最好在招聘广告上写明薪水范围，或者在开始面试时问清楚对方的要求，以免耽误双方时间。

不要忽视员工的“心理收入”

所谓心理收入，指的就是雇员的心理需求。按照马斯洛的理论，人除了生理需求外，更重要的是心理需求。因为，生理需求比较容易发现和满足，而心理需求更容易被人们所忽视。这里讲的心理需求，包括自我实现需求，尊重需求。

在北大光华管理学院的课程上，教授提过一个戴蒙德国际工厂的案例，当时325名雇员正面临着一个无法预测的未来，因为激烈的竞争，这些工人面临失业的危险，因此劳资关系非常紧张。此外，工人们认为他们并没有得到应有的报偿。

当时的人事部长发明了一种被称为“100分俱乐部”的激励计划，雇员只要在一年内保持“零事故”，便可以得到20分；全勤则可得到25分。每年的2月2日（这项计划的开展周年纪念日）这一天，分数被计算出来，并送到每个雇员家里。

一旦某位雇员的分数达到100分，那么他就会得到一件浅蓝色的茄克衫，上面印有公司标志和表明“100分俱乐部”成员身份的臂章；总分超过100分的雇员，还会收到额外的礼物。

管理层指出，这些礼物并不贵重，总分超过500分的雇员也只是拿到一些例如食品搅拌器、烹饪器具的奖品。这些奖品真正的价值在于公司的一种态度，对员工的一种感激。

两年之后，戴蒙德国际工厂的生产率提高了16.5%，与质量有关的差错降低了40%，工人的不满意见减少了72%，由于工业事故而损失的时间减少了43.7%，而戴蒙德工厂每年多创收了100万美元的利润。

在这个计划实施之前，也就是两年前，雇员们态度消极，对公司诸多不满。两年之后，86%的雇员都表示管理层对雇员非常重视，81%的雇员感觉自己的工作得到了认可。

实际上，两年之中发生如此巨大的转变，就在于员工的心理需求得到了满足，这个案例也成为很多商学院的经典案例。

在组建团队以及后期的管理与维护中，满足员工的心理“收入”这一点尤为重要，对于大多数求职者来说，薪资待遇永远是首要考虑的，这是硬指标，一旦管理者满足了员工的待遇要求，接下来就要考虑员工的心理需求。

很多企业家或团队管理者往往最容易忽视这一点，结果当员工心理需求无法得到满足，逐渐心生怨念，要么工作积极性不高，效率低下，要么跳槽走人。

一个优秀的管理者应该具备多方面的专业素养，要充分了解和把握员工的心理需求。就拿挖人这件事来说，你需要组建一支优秀的团队，却给不出一个优于其他竞争对手的条件，这时就需要从员工内心诉求入手。

小敏是某广告公司的媒体部总监，在圈内有一定名气，她是一个很有心计的女人，懂得关爱员工，她手底下的员工跳槽率是最低的。因为长得漂亮，她的老板经常带她出来应酬，一来二去便熟悉起来。

一次聚餐时闲聊，我问她为什么你的员工离职率那么低，而且似乎你总能找到性价比很高的员工。她笑了笑说：“只要满足他们的心理需求就行了。”

她给我讲了一个挖人的故事，她从 HR 那发现了一个不错的媒介执行，但是那个小姑娘虽然投了简历，也来面试了，本来谈好了薪水就要入职了，结果回去之后人家又不来了。

公司的 HR 保持了一周的联系，那边还是犹豫不定，最终以“先等等看”为借口推掉了。媒介执行不是什么复杂的工种，招人没那么困难，按理说再找一个就行了。

人事部也是这样做的，没几天就找来一个新人，但小敏觉得之前那个小姑娘长得漂亮，性格又好，如果带过来肯定会有助于提高公司氛围。所以，即便该职位的空缺已经补上了，她还是继续跟小女孩保持联系，甚至一起吃饭逛街。

渐渐地，她们成了朋友，小敏也了解到实情。那个小姑娘之所以想要跳槽，是因为她觉得媒介执行毫无出路，现在广告公司都在走下坡路，虽然她所在的公司刚刚上市，但也难掩颓势，另外她负责的是二线卫视，业绩每况愈下。

最近他们公司开始转型，准备投资几档娱乐节目，所以她希望跳到内容营销部门，或者跟着节目组走，参与拍摄。然而，她的要求被拒绝了，只是给她涨了一千多块的工资，这让她心有不甘。

她来小敏公司面试，就是为了以闹离职给原公司施压，当时的领导同意了涨工资，并给她"画了一张大饼"，小姑娘才同意不走了。但很快只有工资落实了，而"那张饼"一直都没能实现。

小敏听明白了，这是员工的心理需求无法得到满足，在她看来，如果原单位不给她调动工作，那么离职只是时间问题。

小敏并没有马上许诺，而是继续保持联系，并不断向她介绍公司的情况。小敏所在的公司也在寻求转型，投资娱乐节目、做内容是趋势，过了一阵子之后，她对小姑娘说："现在媒介执行已经找到人了，正好你也不想做这块，公司也准备做内容营销这块，现在还属于筹备阶段，你要有兴趣就过来，虽然你没有这方面的经验，但是公司可以教你，大家都在摸索，学习一阵子就好了。可是，由于你经验不足，可能给不了那么高的工资。"

小女孩听了可高兴了，一点没把工资当回事，最终好像以 5 000 多元的月薪就把小姑娘带过来了。而且现在两年了，那个小女孩一直没有离职。

很佩服小敏这样的领导，不花钱的激励术，这是老板最喜欢的管理者。小敏的洞察力强，为人亲和，又有耐心，总能了解到员工的实际需求，只要不是薪资要求太高的，她都有办法挖过来。

员工的三种基本心理需求

能力提升 对任何一位有上进心的员工来说，能力是否能够得到充分展示，是否可以在短期内获得提升，这都是他们比较在乎的问题。

关系融洽 上班一定要开心，工作环境，人际关系也是员工在乎的一点，没有人希望在一个每天钩心斗角的环境里做事，所以同事关系，能否融洽合作都是员工考虑的问题；

谁也不愿做只会执行命令的机器人，虽然工作中没有百分百的自由，但是有能力的员工渴望更高的自主性。

这是员工最基本的心理需求，任何优秀的领导者都懂得尽可能满足他们对能力、关系和自主性的需求。

让员工感到被尊重、受重视

- 向员工征询意见；
- 采纳员工建议；
- 解释决策的原因；
- 对员工的私事表示兴趣；
- 倾听并了解员工的真实感受；
- 加强交流，无论是工作上还是私底下；
- 分享信息，传授知识；
- 批评要注意方式；
- 杜绝命令式口吻；
- 承担责任，并替员工担责；
- 充分授权，鼓励员工主动做事；
- 允许员工享有工作灵活性；
- 帮助员工发挥潜能。

管理者常见错误行为

- 缺乏信任；
- 命令式口吻，训斥责备；

- 向员工征询建议却从不采纳，甚至独断专行从不过问员工观点；
- 不启发下属，不指出解决问题的方法，只是批评；
- 不懂得授权，导致员工积极性下降；
- 不善沟通，下班之后就像陌生人；
- 不给机会，员工看不到升职空间；
- 只看结果，不近人情；
- 不懂激励，从不认可员工；
- 眼中只有超级明星，忽视他人。

北大学堂：员工心理需求的把控

优秀的领导者一定要关注员工的心理需求，及时洞悉各种细微的变化，从而更好更透彻地了解员工。在心理需求把控的过程中，主要应注意几个方面：

A. 交流沟通

交流绝不限于工作时间，私下交流才容易了解员工的真实想法。在工作中，管理者要建立正式的和非正式的沟通和反馈渠道；私下里，要尽可能成为保持互动，最好能成为朋友，更容易了解到员工心里的真实想法。

B. 换位思考

管理者最忌讳的是以自我为中心，这样很难真正了解员工的心理需求。试着站在员工的立场考虑问题，换位思考，才能更好地体验员工的内心感受。

C. 外部了解

当无法从员工本人方面获悉情况时，不妨从外部入手，比如员工的亲朋好友，与员工打交道的顾客、供应商，以及曾经的离职员工，这些间接信息也可以比较真实地反映出员工的实际情况。

D. 匿名问卷

很多时候，管理者想要了解员工的真实想法是很困难的，毕竟人在职场，说话都会很谨慎，大家不敢随便跟领导敞开心扉。不妨采用匿名调查问卷的形式，可以涉及给公司的建议，对管理层的看法，对薪资的要求等。

图解分析——马斯洛需求层次经典图表

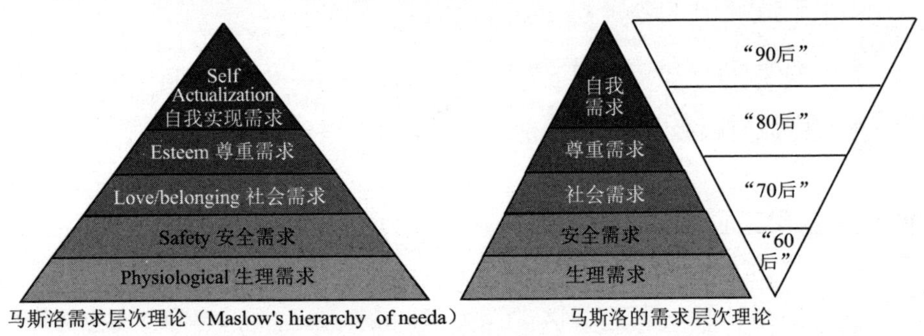

马斯洛需求层次理论（Maslow's hierarchy of needa） 马斯洛的需求层次理论

这是摘自网络的马斯洛需求层次理论的经典图表，从中不难看出员工心理需求的重要性，在金字塔最顶端的是自我实现需求，之后是尊重需求。

【Self-actualization-关于自我实现需求】

这是马斯洛理论最高层次的需求，是指实现个人理想、抱负，充分发挥个人潜能。现阶段的职场，大部分人除了薪水之外，最看重的应该就是这一点。还有少部分人，已经达到财务自由，不再单纯为金钱工作了，他们更关注自我价值的实现。

他们努力工作，潜能得到充分发挥，就是为了在工作中得到快乐与满足感。

【Esteem-关于尊重需求】

每个人都希望获得稳定的社会地位，要求个人的能力和成就得到社会认可。在工作中也是如此，员工希望得到认同，既获得内部尊重又得到外部尊重。

内部尊重主要指个人自尊，外部尊重指的是在工作中能力得到认可。

第二幅图加入了年龄层次的对比：

“90后”，更关注自我实现需求；

“80后”，更关注自我实现与尊重需求；

“70后”，更关注社交需求与安全需求；

“60后”，更关注一些基本需求。

可以看出，越是年轻人，对于心理需求的重视程度越高，他们已经不再满足于一些基本需求，而是渴望实现自我价值，得到认同与尊重。都说现在的“90后”不好管理，那是因为管理者没有真正了解他们的内心需求，通过这个表格，管理者应该认真思考一番了。

我加入你的团队图什么

人活着为了什么？

希望！

没有希望的日子是混沌的，看不到方向，也少了奔头。

工作也是如此，你说要组建一支团队，让我加入，那好，你要给我目标，当你的目标符合我的价值观，满足我的个人追求时，我才会激发斗志，跟团队一起共命运。

在北大课堂上，曾经讲过一则有意思的小故事，讲的是一个自认为看破红尘的人，想要以自杀的方式离开这个喧嚣纷乱的世界。危急时刻，一位智者救了他。

智者对他说：“在你离去之前，我有一事相求。”

“我家有一块田地没人打理，你去帮我一下，等到收获时再看看，是不是还想离开这个世界。”

寻短见的年轻人想了想便答应了，每天整理土地，侍弄庄稼，忙忙碌碌且自得其乐。终于，到了庄稼收获的时候，他喜出望外，早就忘了自杀的事情，而是得意于自己的成绩，继续开垦新的土地。

人活着是要有希望的，要有事情做。因此，管理者要清楚，任何优秀的员工加入你的团队都是有目的的，你要让他们看到希望，这样才能激发员工的热情。

一支真正优秀的精英团队，每一位成员都是有目标的，他们不是来混日子的。因此，团队管理者需要给手底下这群精英设定一个整体目标，让他们看到希望，这是让团队高效运转的关键一步。

曾有相关专家做过一个调查，问团队成员最需要领导人做什么，70％以上的人回答——希望管理者给出明确目标以及发展方向；而问团队领导最需要团队成员做什么，几乎80％的人回答——希望团队成员朝着目标前进。

目标的重要性已经显而易见了，它是激励精英努力奋斗的催化剂。如果你的团队中没人关心目标，那可以确定，这些人是来混日子的，他们没有追求，没有目标，当一天和尚撞一天钟，这样的团队很难做出成绩。

前面提到的文筹网副总老朱，最早出身于人民日报，我认识他时正在做广告公司。老朱是个精明人，南开大学毕业，看到了广告公司的颓势，同时看到了互联网的未来，所以前几年就将重心转移到互联网＋健康这块了，他没有舍弃辛苦经营多年的广告公司，而是将公司交给了跟了他多年的员工，各自分一些股份。

虽然他并不看好广告公司的未来，但是通过股权激励的方式，让跟了他很多年的公司副总看到了希望。这一招非常奏效，之前那些副总拿着二十几万元的年薪，手里都攥着固定的客户，年终再拿一些分红，干活毫无动力。这些人明显出工不出力，但是又无可奈何，因为他们手里死死攥着客户资源。

老朱聪明地选择退出，手里只拿少部分股份，把大头分给副总们（公司现在是你们的了，爱怎么玩怎么玩）。

突然间，副总们各个激情四起，看到了希望，公司不再是别人家的，而成了自家的，那么干劲也不一样了。没有人再混日子，不再满足于之前那些固定客户了，他们开始频繁跑业务，虽然整个行业处于下坡路，但是公司却盘活了。

之前一个亿的流水，后来听说有增无减，可见，给员工一个可以预见的美好未来是多么重要。

当年，毛主席将革命战略从城市转向农村的时候，提出了“打土豪，分田地”的土地革命的战略，这符合了广大农民阶级的切身利益，因此赢得了民心，这也是革命获得成功的关键。

在团队管理中，如何赢得员工的心，首先要符合员工的利益，给他们一个明确的目标，只有看到希望才会有干劲。当年我创业的时候，正好赶上培训热潮，借着几本管理类的畅销书，我联系了几位讲师，何不将这些书中的知识传授给别人？

我请的老师都没有名气，也给不起多少工资，我只给了他们一个清晰的目标，先写书，然后成为讲师，之后是优秀讲师，我用《细节决定成败》一书的作者汪中求老师的例子激励他们，那时汪老师一节课的薪酬已经不低了，据说年薪能到两三百万元。

讲师们看到了发展方向，于是团队组建起来，这也是我赚到的第一桶金。

作为管理者，一定要让团队成员看到希望，在设定目标的时候，一定不要讲空话，给出实际操作的步骤方法，落实到每一阶段的具体目标，让员工看到一步一步走下去的结果，当他们认为目标有80%的概率会成功时，那么就会心甘情愿地跟着你走。

北大学堂：团队目标管理及案例分析

本节课讲述团队目标管理的步骤，主要分为目标制定、目标分解、目标执行、目标评估与调整四大块。

A. 目标制定

团队目标的制定是一个系统的过程，不能一拍脑门就想出一个。管理者制定的目标要完全符合整个团队的利益，提供实现目标的具体方法，完成目标所需的条件，目标实现期限等多方面内容。

◆ 如何利用 SMART 原则制定目标

(1)S——specific，团队目标设定要具体明确；

(2)M——measurable，团队目标设定要有可度量性；

(3)A——attainable，团队目标要有可实现性；

(4)R——realistic，团队目标要实际，可证明，可观察，不能是假设的目标；

(5)T——time-bound，团队目标必须有完成时限，不能无限期拖延。

B. 目标分解

1. 剥洋葱法

顾名思义，像剥洋葱一样，将大目标层层分解为若干小目标，再将每个小目标分解成若干更小的目标，一层一层剥下去。很快，你就会发现当下最重要的任务是什么了。

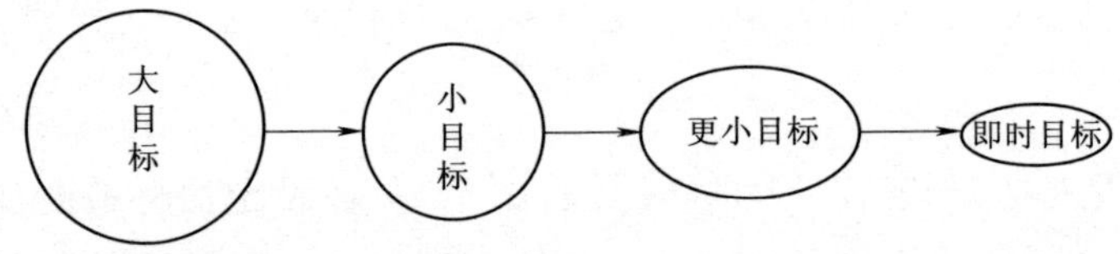

2. 多杈树法

树干代表大目标；

每一根树枝代表一个小目标；

叶子代表即时目标。

在使用该方法时，可以画出树干、树枝、树叶，在树干处写上大目标，每一个树枝上写下小目标，树叶则是即时目标，一目了然，就知道当下该做什么了。

C. 目标执行

目标的设定比较容易,落实才是关键,考验的是团队成员的执行力,管理者要检查和控制目标的执行情况,考核阶段性目标的完成情况,保证每个阶段目标的顺利完成。

D. 目标评估与调整

目标评估的作用,是比较现阶段完成目标与事先制定目标之间的差距,从而做出相应调整,及时发现问题、解决问题。

图解分析——团队目标分析表

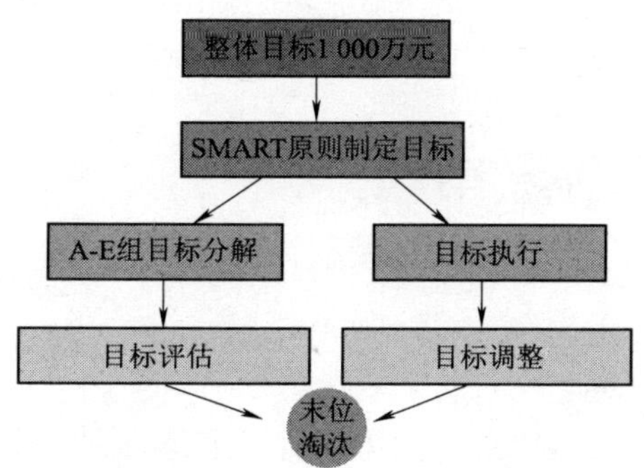

以具体案例分析这张图表,某公司整体销售目标定为 1 000 万元:

1. 目标制定——团队 2015 年整体目标——1 000 万元

◆ SMART 原则制定目标

(1)S——specific,团队目标设定要具体明确——明确 2015 年要完成的任务量;

(2)M——measurable,团队目标设定要量化,有可度量性——1000 万元;

(3)A——attainable,团队目标要有可实现性——实现可能性 90%;

(4)R——realistic,团队目标要实际,可证明,可观察,不能是假设的目标——根据往年业绩推算而来;

(5)T——time-bound,团队目标必须有完成时限,不能无限期拖延——2015年度完成任务。

2. 目标分解

团队分为A—E组,每组任务各为200万元。利用剥洋葱法分解目标:A—E组,每组成员各三人,组长100万元,组员各50万元任务量。

3. 目标执行

由团队管理者直接监督各组组长,组长监督组员,按季度核对任务完成情况。

4. 目标评估与调整

1)每个季度的完成量;

2)客户目标;

3)具体访问程序、步骤、日程表;

4)结果反馈。

5. 末位淘汰

末位淘汰制度很有必要,要让员工有紧迫感,踢掉那些混日子的员工。

"情怀"可以有,务实更重要

现在社会上特别流行一个词,叫"情怀",在我看来,情怀可以有,但是务实最重要。讲究"情怀"是要看高度的,我认识的那些一年几十万元甚至百八十万元的小老板,没有几个讲情怀的,所以如果你的公司、团队还没到达一定高度,务实性是管理者最应该重视的问题。

团队奖励机制就不说了,当团队完成目标后,打赏辛苦工作的员工是合情合理的。重点说一下个人奖励，无论是以何种形式，发奖金还是职位晋升，对于个人的激励作用都是非常明显的，当然其中也很有讲究。

给钱是必须的，给多给少是个问题，给多了影响团队平衡，给少了影响员工积极性。改革开放之前，当人们还在吃大锅饭的年代，干多干少一个样，这就导致了一些“聪明人”的出现，他们偷奸耍滑，反正结果都一样，这就导致了团队中其他成员的不满，结果很容易造成团队涣散。

优秀的管理者在带领团队时，会让团队保持在纳什均衡的状态下。所谓纳什均衡理论，是指，假设有 n 个局中人参与博弈，如果某情况下无一参与者可以独自行动而增加收益，则此策略组合被称为纳什均衡。

也就是说团队成员都有一个共同的目标，虽然每个人都想超越别人，拿到更多奖励，但决不采取一种降低团队整体积极性或者偏离大方向的方式。

北大商学院教授曾经讲过，人们在职业生涯中主要会被三种因素所激励：

——个人成长；

——金钱；

——认同；

如果奖励机制不能通过这些途径落实，那么员工流失只是时间问题。

到底该如何奖励员工呢？

哈佛商学院博士托尼·达维拉表示，人们从事某项活动是因为：

——可以因此得到奖励；

——对活动的激情；

——认为他们会因此得到相应的认可；

——这是他们的理想。

对于团队管理者来说，在制定奖励机制时，可以综合以上四个因素予以考虑。

北大管理学院的教授讲过这样一个案例：美国一家 ATH 技术公司，短期内需要激励员工完成公司制定的最新销售目标，在采用了一系列奖励措施之后，包括非实物奖励、来自高层管理者的鼓励、企业文化宣传、情怀等，都无法帮助该企业实现目标。在这种情况下，管理层决定改变现有的激励机制，规定如果员工可以完成销售额和利润指标，将会得到相当于其工资总额 30%的奖金，以及一次夏威夷双人游。

这种奖励机制与财务指标挂钩的方法非常有效，员工的积极性被重新点燃，企业顺利实现了增长目标。美孚石油公司也曾采用类似的做法，将员工奖金的 30%与评估指标挂钩，为公司利润增长起到了很重要的作用。

当个人奖励得到显著提升之后，积极性就会得到明显提升，这是一个很现实的时代，你可以谈情怀，但一定要分清对象。对于一个精英团队来说，员工并非只看重奖金，个人提升也是很有效的激励手段。

刘小姐目前是一位资深媒体人，但在之前也曾走过一段弯路，她曾经在困惑时向我咨询过意见。她在某上市公司任职，但因为来公司之前并没有这项工作的实际经验，属于跨行跳槽，所以公司只给了她一个毕业生的薪资水平。刘小姐很看好这一行业，所以便同意了，然而两年过去了，她早就熟悉了工作流程并且表现出色，可领导从来没有跟她提供加薪的事，这让刘小姐心里很别扭。她又是一个内向且不擅表达的人，不敢找领导谈，结果消极的情绪带到了工作中，严重影响了工作质量。

其实，他们领导早就看出了端倪，只是公司最近状况不好，老板又明确表示不会涨薪，作为团队管理者确实很难办，已经陆续有人离职。为了稳定团队情绪，尤其是留住表现一直不错的刘小姐，领导特意找她谈了几次。

“小刘，你来公司很久了，我知道你的薪水不高，我也给你争取过，可是公司最近状况不好，老板又明确表态今年不涨钱，所以我能做的只是帮你更好地成长，你可以过来给我当助理，虽然工作量会大一些，但能学到东西。跟我混几年再跳槽，去小公司当个领导肯定没问题。”

刘小姐的领导确实待她不错，提出的建议也很实在，既然领导已经表态重点培养她，那还有什么跳槽的理由呢？

我建议她继续留在公司学习，看看领导的承诺是真是假，如果真的晋升到更重要的岗位，能学到更多东西，那不必在乎眼前的这点小钱。

显然，刘小姐也是一位很有野心的年轻人，她权衡之后继续留在了公司。之后通过电邮联系，得知他们领导并未食言，不仅将她提拔为助理，而且予以重任，甚至为她提供了更为详细的职业规划。

前不久，听说她跟着领导一起跳槽了，薪水翻了三倍。

个人成长与金钱，是我认为最有效的两种激励方式，管理者在管理团队的时候要特别注意，因为务实始终是第一位的。

前几天跟王律师一行人喝酒，他最近很高兴，据说他的律师事务所已经做到了全北京前六的位置。王哥年近半百，又是做律师的，所以看人很准，经常给出一些很实用的建议。包括他在内的其他几位成功人士，都表达了一个同样的观点，他们告诉我，现阶段赚钱不是第一位的（可能是这一阵我把钱看得太重了），个人成长更为关键，人际关系、经验、能力、机会……总之，如果能学到更多知识，认识更多人，不用把钱看得太重要。

道理我很认同，但如果放在团队管理中，并不是每一位员工都能听得进去，如果每个人都能看的这么远，那么都成老板了。不是谁都能随便做到几千万元的，我敢说 80％的员工更看重当下的收益，所以作为团队管理者，一定要因人而异设定奖励机制，有些人更看重奖金，有些人更看重发展前景以及升职空间，充分了解每个人的特点，将奖励落实到位，这样团队才能保持积极的斗志。

北大学堂：销售团队奖励机制详解

以一家国有性质的 IT 企业为例，领导者如何在预算不多的前提下，最大化地激励销售人员的工作热情。

公司人力资源部要与销售总监沟通，在公司绩效考核方案的基础上，针对销售部的具体情况进行拟定。

注意避免以下几个问题：

A. 考核指标单一

不仅是IT企业,很多公司对于销售人员的绩效考核指标都局限于销售业绩。然而,工作业绩波动性一般较大,个人主观努力的程度对销量的影响并不总是成正比,有时会因外在因素的影响导致业绩无法完成,员工连绩效工资都拿不到,导致积极性下降甚至离职。因此,考核指标单一并不能真实科学地反映销售人员的绩效水平。

B. 忽视其他指标

当销售人员盲目追求个人业绩时,往往会忽视与公司利益、客户利益相关的其他指标,如客户满意度、客户投诉率、销售利润率、销售费用率等。短期内没有问题,但长期下去会对团队、公司造成影响。

C. 牺牲团队利益

销售人员追求个人利益最大化时,就会忽视或牺牲团队和公司的利益,很容易导致成员之间发生矛盾,拖累团队整体目标。

D. 只重结果不看过程

过于看重业绩,就会忽视其他方面的问题,比如服务质量的下降,产品创新不足,员工素质不高,发展潜力有限等,这些都会在未来影响团队或公司的发展。

E. 避免"高底薪+提成"的薪资结构

采用这种薪资,原因在于IT企业的产品销售周期相对较长,几个月或是几年,前期需要经过漫长的过程培养客户关系,并不产生业绩,高底薪是用来维持团队的稳定性,这样做的结果就是无法有效激发员工积极性,成本过高。

激励方法

具体激励方法仍然是以【个人成长】【金钱】【认同】这三大块为主,具体分为:

A. 晋升机制

建立合理的晋升机制，对员工一视同仁，帮助员工自我成长，业务员一主管一经理，每一次晋升，不仅是工资上浮，更要让员工学到更多知识，负责更多工作，同时肩负更大的责任。如果员工看到很大的上涨空间，即便薪水较低也不会随意跳槽。

B. 物质激励

对于大部分员工来说，物质激励仍然是最直接，也最有效的方法之一。设定严格且合理的奖励机制，不要随意改动，更不要让条例变为空话。

以季度奖励为例，采用累进进制：

未完成保底任务，无提成，三个月连续不开张的，末位淘汰；

超过保底任务量 10 万元的部分，按 1%计提成；

超过保底任务量 20 万元的部分按 2%计提；

以此类推；

另外可以设置季度奖励，半年奖，年终奖，设置原则是“奖项多，金额少”。

其他奖励：比如旅行，进修机会等。旅行奖励的激励作用也很明显，辛苦工作一年，如果能够带薪休假，出去旅行几天，还是非常令人期待的。

C. 精神激励

管理者要善于进行认同激励，只是要避免空洞的激励方式，比如喊口号，唱歌等，这些激励方式不适合精英团队，私下沟通的方式更能让员工感受到来自管理者的重视。一句问候，一句点拨，都是很有效的激励方式。

图解分析——员工晋升阶梯表

进入公司之初，管理者就要给员工描绘一张蓝图，一份从新人到高管的晋升之路，通过这张表格，员工可以清晰地看到自己的未来，激发他们努力奋斗。

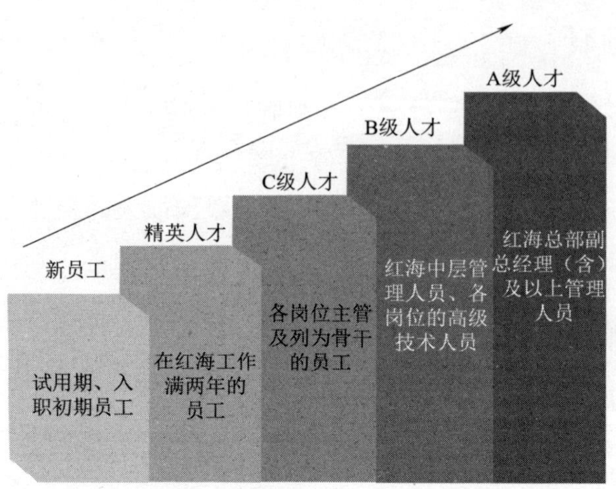

【新员工】可以是职场新人，也可以是刚刚加入公司的新同事。介绍相应的工作职责，需要完成的业绩目标，明确最快提升日期，如半年之内连续获得销售冠军，直接晋升下一级。

【老员工】在公司工作两年以上的员工，满足薪资要求，多鼓励，创造良好的团队氛围，给他们家的感觉。这些老员工很可能没有突出的成绩，但是工作稳定，稳住这群人也很重要。

【优秀员工】工作成绩出色，有目标，有理想，能力强，积攒了一定的人际资源。对待这些员工，不仅要满足薪资要求，还要让他们看到更好的前途。管理者可以暗示他们，一旦中层管理出现空缺或是公司内部晋升，他们将成为热门人选。

【中层管理】对待中层管理人员，一定要善于放权，给他们一定的自主权，既是一种尊重，也能充分调动积极性，发挥他们的才能。“中层危机”的现象在各大公司都很常见，员工看不到前途，向上的空间有限，缺少挑战，这些都是导致他们离职的主因。最实用的激励方式就是股权激励，如果是上市公司，分给中层管理者一部分股份，就会起到稳定人心的作用。此外，更好的福利，更自由的空间，更人性化的管理方式等，都能起到激励作用。

【高层管理】到了这个层级，一般的激励方式用处已经不大了，这时老板需要亲自出面，不妨讲讲情怀，未来可能发展为合伙人共同创业。此外，还可以给他们一定的特权。

Part Two

没有制度，你的团队怎么管

制度不落地，领导有问题

没有规矩，不成方圆，任何一家公司，任何一个团队在建立之初，都必须制定详细的管理制度。关于这一点，大多数团队管理者都能认识到，然而真正能够将制度落实到位的却不多。更多时候，制度就像一纸空文，摆在那里没人执行。

为什么？到底是谁不执行？

实际上，最先破坏制度落地的往往是老板、管理者自己，下属哪里来的胆量？谁不怕被处罚？最先把制度当儿戏的就是制定者，当下属觉得破坏制度也不会受到相应处罚之后，就会有恃无恐，渐渐地，制度变为了一纸空文。

破窗效应是犯罪心理学的一个重要理论，该理论认为环境中的不良现象如果被放任存在，会诱使人们仿效，甚至变本加厉。很多商学院都将其作为案例，北大也是如此。

一幢破房子，窗户被砸破之后，如果不被修理好，就会引来更多的破坏者，导致更多的窗户被打破。随着越来越多的窗户被打破，就会有人闯入建筑内，如果发现无人居住，要么定居将房子占为己有，要么纵火搞更大的破坏。这一现象，就是犯罪心理学中的破窗效应。

在制度执行这方面，一旦管理者带头破坏了规定，就会有高层主管开始违例，如果没有得到相应处罚，或者处罚力度不够，就会导致员工开始违例，渐渐地，制度就形同虚设。

做培训公司的老张跟老帅，两个都是北大毕业的“60后”，对于制度非常看重，公司建立之初就制定了各种繁复的规矩，有些自己都不记得。各种明细制定好之后，老张从来不执行，在他看来，这是给员工制定的，跟他无关。为此，老帅跟他争执过几次，但都没能说服老张。

蔡欣是公司负责外联的，人长得漂亮，身材又好，老张就喜欢大高个，所以对她尤为热情。仗着这层关系，蔡欣请假从不走流程，更不会事后补假条，每次都是跟老张打声招呼就走了，人事部对她无可奈何。

有一次老帅有急事找蔡欣，怎么也联系不上，差点耽误了讲课的事宜。等第二天蔡欣回来，在公司晨会上劈头盖脸一顿臭骂，没想到蔡欣受不了了，当场翻脸，说是之前跟张总打过招呼了，向来如此，说得理直气壮。

老张跟老帅两人矛盾由来已久，彼此很少沟通，很早就筹划分家的事呢，就是一直没谈好。这次事成了导火索，蔡欣逼老张摊牌，要么她走要么跟老帅分家。不清楚蔡欣跟老张到底是什么关系，听她说话的口气更像是老板娘。

这次吵架最终不欢而散，家没分成，蔡欣也没走，但是制度却成为了一纸空文，违反规定的员工越来越多，因为老帅索性甩手不管了，而老张自己都不执行，更不好意思要求别人。辛苦制定的公司制度，新鲜了几个月就作废了，实在可惜。

北大学堂：制度无法执行的原因

A. 制度本身无法执行

有些老板或领导者，在没有与下属沟通的前提下，按个人意愿制定一系列条款，要求下属完全服从，结果由于严重脱离实际情况，导致制度无法执行。

张总是销售出身，最早干的是房产经纪人，很勤奋，而且还是工作狂，在销售行业摸爬滚打了十几年之后，自己也成立了一家房产中介。他给员工定下的规矩有些苛刻，最明显的一条就是要求员工七点半到岗开晨会，八点开始正式上班。他家离公司走路不到十分钟，员工则住得有近有远，有些已经成家买房的员工，上班需要两小时路程，张总不管这些，认为制度定了就必须执行，结果初期几乎所有人迟到，忍受不了的员工索性辞职走人。

B. 管理者"以身试法"

制度颁布后，管理者自己带头不执行，久而久之，上行下效，员工也开始不执行了，而管理者也认为都是走形式，所以不再关注。

这类情况很常见，小公司司空见惯，今天管理者高兴，想出一条规矩，过几天就忘了，制度根本无法得到保障。

C. 制度烦琐，只重结果轻执行

有些公司的制度在订立的时候就很烦琐，甚至寄个快递都要有经理签字，导致效率很低，员工不执行但结果一样，管理者就会视而不见。

制度烦琐会降低工作效率，在当初定规矩时就有问题，另外过于看重结果，也会忽视过程，导致员工也形成了这样的意识。

D. 奖惩力度不够

当执行和不执行的成本近乎为零时，谁会在意制度是否被执行？迟到不扣钱，或者只是象征性罚 50 元，没有威慑力。此外，那些严格执行制度的员工，也没有得到相应奖励，渐渐地失去积极性，不再执行。

E. 制度面前不平等

想要在制度面前做到人人平等不容易，尤其是在讲究人情关系的时代，不仅领导可以"理所当然"地不执行，那些有关系的员工也会经常违反条例，最多是口头警告，没有实质性处罚。时间久了，越来越多的人开始违反规则，导致制度名存实亡。

F. 缺乏监管

任何制度都需要监督，但很多公司没有这么多人手，不可能做到监管到位，这也是导致执行不力的原因。

图解分析——绩效考核表

要让制度落地，考核表是不可少的，贴在公司、各部门最显眼的位置，可以给员工起到警示、督促作用。如图所示，这是一张简单的绩效考核表，分为几个部分。

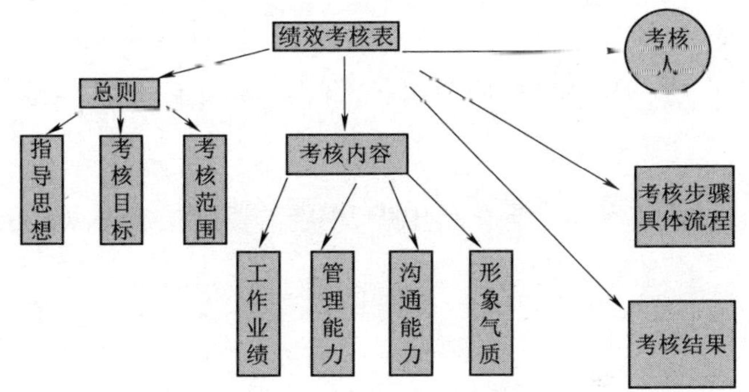

首先是“总则”部分，分为指导思想、考核目标、考核范围三块。

指导思想：就是公司的发展方向，侧重宏观面，可以将公司的大方针列出来；

考核目标：具体要考核的内容，侧重微观面，是硬性指标；

考核范围：包括业绩要求，技能，经验，语言能力等，明确写明考核范围，这样便于员工做准备；

中间地带讲的是“考核内容”，分为工作业绩、管理能力、沟通能力、形象气质四大块。

每家公司根据自己的需要，制定相应的考核内容。

工作业绩：是硬性指标，尤其是对于销售人员来说最为重要，将业绩要求白纸黑字写在表格上，可以在很大程度上起到激励作用；

管理能力：是针对管理人员的，考核他们的相应管理才能；

沟通能力：也比较重要，即便是从事文书工作的员工，如果没有沟通能力也会导致彼此合作不畅，所以这一项也很重要；

形象气质：这条标准考察的是员工对自身形象的重视程度，员工的形象反映的也是公司的形象，所以每个人都必须重视起来。

最右边是考核人、具体流程、考核结果。

考核人：每个部门由相应的负责人进行初步考核，人事部复审，总经理终审；

具体流程：考核具体流程应该由多部门协商决定，避免沟通不畅导致的矛盾；

考核结果：最终考核结果一旦出炉，相应的奖惩措施必须跟上。

各司其职，玩转团队

在团队中，只有所有人将责任扛在肩上，担负起自己应尽的一份责任，这样的团队才能更团结、更高效。

团队一切规章制度订立之后，不是摆在那里的装饰品，而是需要认真执行的。制度是写给所有人看的，但是每个人都必须落实到自己的身上，承担起属于自己的那份责任。

你是销售人员，就要完成业绩任务；你是 HR，就要负责给公司找到合适的人才；你是技术部的，就要负责研发与创新；你是司机，就要负责公司的运送任务……

当每个人将个人责任很好地落实到位,那么团队就将高速运转起来。在课上,教授是一位足球迷,所以经常引用足球队团队协作的案例。

在一支足球队中,上场的球员一共11人,只有每个人都发挥出自己的能力,尽到自己的职责,才会形成一支强大的球队。每一位队员都有自己最擅长的位置,虽然很多人可以打多个位置,但教练只要求他们在自己的位置发挥出最佳水平。当场上的11人都充分履行个人职责之后,那么这就是一支运转正常的超级强队,一旦某个位置发挥失常,那么对手就会找到突破口。

教练员的职责就是将场上11名队员捏合成一个整体,开赛前布置战术的环境就相当于管理者颁布制度,如果每个人都能将教练布置的任务执行到位,那么这支团队就是高效率的,就是成功的。

作为团队管理者,要让下属们充分发挥出自己的才能,同时肩负起应尽的责任。当每个人都以认真负责的态度对待手头的工作,团队执行力就会提升。

我有幸带过几个不错的团队,员工个人能力一般,但是很认真,每个人所负责的任务并不困难,当所有人做好自己的工作之后,整体效率一点不比那些所谓的精英团队差。

最早在京广中心酒店物业部做过一两年,半年之后升到主管的位置上。由于这一行的门槛较低,对于能力、学历、经验要求都不高,态度好,服务到位就行了,所以员工素质普遍不高,大部分是刚毕业的大学生。

之后随着外国人越来越多,酒店也开始重视起来,特意从香港高薪请来了物业总监老布。上任之后,老布让我负责招聘,整体提升人员素质,以便提供更好的服务质量。

这的确很困难,京广中心当时的薪水是分级别的,基层员工属于最低的第十三级,一千元出头的月薪很难找到既有经验又有能力的物业人员,更何况即便找到有经验的人懂英文的又少。

这一点香港人也清楚,并没有给我施加太多压力。权衡之后,我决定不从其他酒店挖人,而是招新人内部培养。

由于大学生就业难，很容易找到形象气质俱佳的新人，这一点对于服务行业非常重要，此外即便不是英语专业，也都能简单说上一两句，应付日常工作没有问题。

我从酒店财务部挖来了一位新人Brent，从行李部挖来了Jason，销售部加薪留用了之前的两名老员工，又招来了一位学日语的Cissy，小姑娘长得相当标致，日语虽然只会打招呼，也能让酒店的日本客人笑得合不拢嘴了。

之后，随着海归越来越多，很多从国外留学回来的人也相继加入我的团队，这些人可能其他能力一般，但是语言能力没问题，可以跟外国客人正常交流。

团队构建完毕，在运营过程中并不顺利，毕竟都是一群没什么经验的年轻人，好在工作简单，只要端正态度，认真负责都能做好。

接下来就是明确各自责任，分工协作。除了每个人应尽的服务责任，Brent同时负责财务方面的工作，收物业费，与财务部沟通对账；Jason负责与行李部沟通，接待新入住的客人；Cissy专门负责服务日籍客户；销售部的老员工继续跑客户。

经过一段时间的磨合，每个人都进入了工作状态，效率明显提升，整个物业部运转正常。

制度设定完毕之后，接下来就是落实的问题，让每个人各司其职，负起应有的责任，团队就能高效运转起来。

北大学堂：团队管理者的角色

作为团队管理者，不是要处理具体事务的，而是人员职责分配，首先要求对于自身扮演的角色有一个正确的认识，清楚自己的职责。

团队基本都可以分为三部分：

领导层：组织顶层，如董事长，负责人，高管；

管理层：部门经理，中层经理，团队领导者；

一线员工：包括刚毕业的新进员工，没有管理职务的老员工。

这其中，团队管理者扮演的角色至关重要，决定了整个团队的氛围。管理者要根据团队成员的能力、经验、知识、技术、态度等进行细分，将每个人安排到合适的岗位，确保团队高效运转。

管理者要确定好自己的角色，你是领导者，不是一线员工，虽说大部分管理者都是从一线员工做起来的，对于基层工作非常熟悉，以技术开发为例，很多管理者看到员工做不好都会非常着急，为了提高效率每次都会亲自操刀。实际上，这种事必躬亲的态度反而降低了团队效率，因为管理者的责任是组织协调，让合适的人出现在合适的岗位上，而不是自己动手解决问题。

图解分析——职责分析表

职位	发展规划	工作职责	业绩考核
领导层	公司发展理念 长期目标 短期目标		关注最终业绩
管理层		培训一线员工 落实工作流程 明确岗位分工	考核员工责任、 能力以及业绩 完成情况
一线员工		执行具体流程	

这是一张简化的职责分析表，领导层需要考虑的问题是宏观方面的，例如公司发展方向，长短期目标等。此外，他们关心的是结果，公司是赚是赔，这是最终目的。

管理层的具体职责包括培训、落实、监督，确保每个人在各自岗位上发挥出最优价值，并负责考核；

一线员工则负责具体执行，按照管理层的要求完成任务。

工作流程精细化：让每个人都知道该做什么

你的公司或团队属于怎样的级别，能给出怎样的薪水，往往在很大程度上决定了你所能找到的人才，所以在组建团队时没必要奢求那些高薪人才，根据公司能力选才。但并不代表“低薪低能，高薪高能”，如果团队管理者能为每一名成员量身定制个人工作流程，低能人才也会很快进步，只要按照工作流程做，很快便能胜任工作岗位。

不是每个人都善于制定详细的个人工作流程，之所以很多人并不笨却拿着低薪是有原因的，他们没有掌握好的方法，这就要求团队管理者帮助他们，跟他们一起制定详细的个人工作流程。

建立个人工作流程的好处：

- 制作流程表，一步步按计划执行，节省时间，工作效率最大化；
- 帮助员工做好信息收录工作，提供工作中所需的各种文档及档案，做到有的放矢；
- 减少失误，避免信息遗漏，有助于提高工作准确性。

我没有做过猎头，但是没少帮忙找人，所以经常会向一些专业人士咨询，也大概了解了猎头的工作流程，以此为例，说一下他们的工作流程制定。

了解客户需求

猎头公司原意是指那些网罗中高级人才的中介公司，但现在根据客户需求的不同，年薪几万块的毕业生也找，一切以客户的需求为主。

确定基本条件

如果是毕业生(当然此类职位并不多)，那么先从学历划分：大专、大本、硕士、博士；

工作3～5年以上的职场人士，专业对口，有相关工作经验的优先推荐；

根据工作职位划分，普通员工、主管、经理、副总、总经理等；

根据年薪范围划分，0～3万元(毕业生)，5～10万元(普通员工)，10～25万元(主管或经理)，25万元以上(高管级别)；

根据工作年限划分，没经验的毕业生，1～3年(普通员工)，3～5年(主管)，5～10年(经理以上)。

还有根据能力，服务公司的级别，工作稳定性等不同的划分条件，确定好之后第一步筛选工作也就完毕了。

找　人

找人才是最关键的，我找人主要还是靠人际资源，各行各业的朋友多，也加入了很多QQ群、微信群，相互介绍。

猎头找人的途径很多，因为这是他们的工作，为客户找到适合的人才是最终目的。主要是行业圈介绍，大小人才网站发广告，在论坛、各种群挖人等。

约　谈

找到“猎物”，在初期相互了解之后，就到了进一步约谈的地步，可以先打电话沟通，达成初步意向之后进一步见面详谈。

推　荐

将人才信息汇总之后发给客户，协助安排面谈，以及跟进薪资谈判，合同起草等事项。

后期维护

这一单成了，并不意味着不再联系，保持沟通，当他们再次跳槽时，还是会想到你，另外也是为了储备你的人才库。

以上是一个猎头的基本工作流程。在团队管理者制定公司规章制度之后,如果能够协助员工完成个人流程精细化的工作,将对他们的工作很有帮助。即便是没有经验的新人,在详细工作流程的辅助下,也可以很快上手。

北大学堂:GTD 时间管理法

GTD 是 Getting Things Done 的缩写,译为“把事情做完”,其核心理念概括为记录下来要做的事,整理安排并执行。GTD 的五个核心原则是:收集、整理、组织、回顾、执行。

利用 GTD 原则去设置个人工作流程,有助于提高工作效率。下面是如何通过 GTD 五大核心原则进行个人流程设置:

A. 收集(Collecting)

将常用信息、重要事务、待办任务等放在一个文档或收藏夹中,以便在需要的时候能够快速找到,也可以利用一些时间管理方面的 APP 软件。

B. 整理(Processing)

收集到的信息繁杂,所以必须进一步整理,频度根据需要自己掌握。比如明天工作需要哪些文件、资料,头一天下班之前整理出来。

C. 组织(Organizing)

【下一步行动】(Next actions)

为你关注的任务定好下一步行动的具体时间、方案。例如,你准备开会,下一步则需要准备相应内容;你要跟进上个月业绩情况,下一步则需要跟销售部沟通。

【工作清单】(To Do List)

将具体待办事项以清单形式呈现,有助于提醒自己各项工作的进度。

【等待】(Waiting for)

当你已经指派了一个事项给其他人或者在项目进行下去之前需要等待

时，利用这段时间跟踪以及定期检查，并设定相应提醒。

【将来/可能】(Someday/Maybe)

在未来某个时间点需要完成的任务，如学习某项技能，处理某个文件等。

D. 回顾(Reviewing)与检讨(Checking)

第四步是为了检验任务的完成情况，比如一周一次，看看这周的工作是否有疏漏，是否需要补救等。

E. 执行(Doing)

工作流程表设定的再完美，没有最后一步的执行也是白费，所以确保每一件任务被妥善及时执行，才能最终提高你的工作效率。

图解分析——GTD流程图

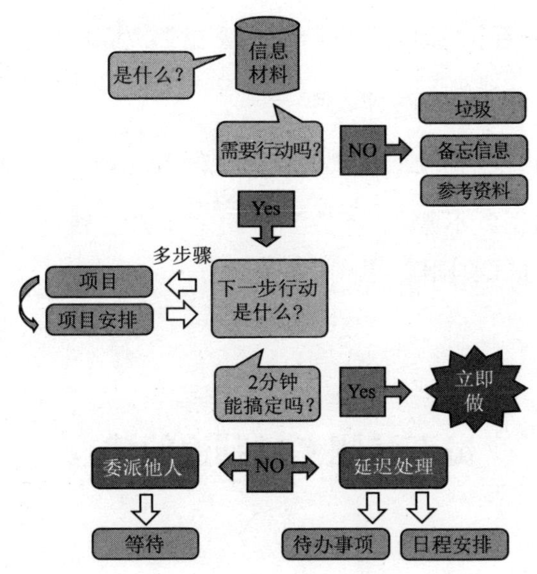

GTD-加工处理流程图

这是摘自网上的一张GTD流程图，从上到下简要分析：

【是什么?】指的是你在制定个人工作流程时需要处理什么事项,如做一个销售 PPT;

【信息材料】你需要收集哪些资料;

【行动与否】如果回答“NO”,那么有三种可能性:

1. 你所收集的是一些垃圾信息;

2. 目前不必行动,但日后可能需要处理(孵化,酝酿、备忘录);

3. 该信息具有潜在的利用价值,作为参考资料备用。

如果回答“YES”,那么就要准备下一步行动。

【项目】下一步具体行动的项目是什么——制作销售部需要的 PPT;

【项目安排】为了这份 PPT,你需要做哪些工作,询问具体数据;

【所需时间】两分钟能搞定吗? 当然不能,那么到底需要多久,你需要知道具体完成时间,以确定何时开会。

【时间紧迫与否】如果回答“YES”,那么就要立即执行;

如果回答“NO”,你有两种选择——

【委派他人】交给下属处理,利用等待的时间处理其他任务;

【延迟处理】任务不着急,就放到有时间了再去处理,可以分别存放到【日程表】或【待办事项】里。

员工薪酬考核制度的建立

- 员工工作效率低,缺乏进取心?
- 团队成员消极懈怠,没有活力?

- 晋升机制混乱，没有明确标准？
- 员工执行力差，人才流失率高？
- 绩效考核流于形式，不能落地？
- 企业管理混乱，业绩难以突破？
- 绩效考核不明，缺少量化指标？

如果你的团队也面临这样的问题，说明员工薪酬考核制度不明确，没有来自金钱方面的有效激励，别指望员工给你卖命！

很多小公司都忽视了绩效考核制度，或者建立制度之后也只是流于形式，甚至发奖金全凭老板心情，这在很大程度上降低了员工的工作积极性。

实行绩效考核管理是为了更好地管理公司，能很好地稳定企业员工，激发员工情绪，保持高效工作的状态，从而帮助企业达成目标。

员工利益与绩效紧密挂钩，是一个促进企业与员工共同成长的双赢过程。通过绩效考核，管理者可以发现问题、改进问题，找到差距并及时弥补。

通过绩效考核，把员工聘用、职务升降、培训发展、劳动薪酬相结合，企业激励机制得到充分运用，员工不断自我激励，从而形成良性循环。

无论对企业还是员工来讲，都是一个双赢的过程，但目前绝大部分企业的绩效考核都存在问题，列举如下：

1. 考核目的不明确，流于形式；
2. 考核方式简单，不严谨，不科学；
3. 绩效考核指标不明确，难以量化；
4. 对考核者缺乏监督机制；
5. 暗箱操作，考核过程形式化；
6. 考核结果无反馈。

我在很多中小型公司做过培训工作，发现80%的企业都存在绩效管理问题，导致的结果是无法激励员工，工作积极性不高。

我记得有一家海事服务公司，好像是隶属于交通部下属的国有企业，曾有一位部门主管因为绩效考核问题跟领导发生了严重冲突，当场翻脸，场面很尴尬。

那家公司的绩效考核标准我看过，制定就有问题，不明确，流于形式，往往是领导说了算，更别提监督机制了。那位部门主管性格耿直，情商低，但是工作很认真，能力也不错，他一个人给公司创造了50万元的利润，理应分到一笔几万元的奖金，但最后好像只给了1.5万元以及一次国内旅行的待遇。让那位主管更为不满的是，那些成绩平平的部门领导，并没有给公司创造更高的利润，却跟他得到的待遇差不多，这也成为他跟直属上司吵架的导火索。

那家公司虽然有绩效考核制度，但是考核指标不明确，领导对于考核结果的影响过大，往往跟谁关系好就给谁多一点，结果导致部门溜须拍马现象严重。

这种情况存在于很多中小企业，结果便是有能力的员工没有奖金激励，离职走人；平庸之辈要么混日子，要么溜须拍马。整个团队处于这样的氛围之下，很难高效运转，无法创造更好的业绩。

作为团队管理者，如果想让团队保持高效率，就要制定严谨科学的绩效考核制度，并且落实到位，该赏的赏，该罚的罚，管理者本身要公正，其次要严格按照制度执行，当员工认为绩效考核制度合理且拿到实际利益之后，就会更好地激发出工作热情。

北大学堂：绩效考核制定标准

1. 明确绩效考核的目的及原则；

2. 根据部门、岗位的实际情况制定；

3. 采用严禁、科学、合理的考核方法；

4. 制定具体的量化标准，比如提成1%；

5. 标准公开化，引入监督机制；

6. 绩效考核多样化，不以业绩作为唯一标准；

7. 建立绩效考核申诉制度，做到公平公正。

图解分析——销售部绩效考核表

以某公司销售部绩效考核表予以讲解：

岗位名称	项目及考核内容	综合评分	上级审核	奖励制度
总经理	销售目标完成率、销售回款、利润率等	—能力9 —业绩8 —态度9	优秀	年终奖金为月薪的六倍
销售副总	市场增长情况、客户服务、库存清理、费用预算、员工培训等	—能力8 —业绩8 —态度9	优秀	年终奖金为月薪的四倍
营销经理	产品推广、新客户开发、部门费用控制等	—能力7 —业绩7 —态度9	优良	年终奖金为月薪的三倍
营销助理	协调、沟通、跟进等	—能力6 —业绩7 —态度7	良	年终奖金为月薪的两倍
销售助理	客户回访、销售监督、报表整理等	—能力6 —业绩6 —态度7	良	年终奖金为月薪的两倍
区域经理	区域督导、促销执行、市场调研、新店筹备等	—能力8 —业绩8 —态度9	优良	年终奖金为月薪的三倍
一线员工	业绩完成情况、客户开发维护、客户投诉处理等	—能力5 —业绩6 —态度6	良	年终奖金为月薪的两倍

以上是该公司销售部简易考核表，分为【岗位职责】、【考核内容】、【综合评分】、【上级审核】、【奖励制度】等几块，不同职责考核内容不同，由人事部与各部门领导汇总数据，针对【能力】、【业绩】、【态度】给出评分，汇总到上级领导那里，最终得出【优】、【良】、【差】三个级别的评价，老板根据每个员工的评价决定奖励程度。

这里的奖励制度只是年终奖，具体业绩指标每个部门都不同，按照完成情况予以发放。

如何面对办公室的“小圈子”

大部分公司都会存在所谓的办公室小圈子，这已然成为了一种办公室文化，也是管理者深恶痛绝却屡禁不止的现象，对付办公室小圈子，最有效的方法就是依靠制度的力量。只要公司制度设定严密合理，小圈子就没有存在的空间，即便有，它的破坏力也不大。

在北大管理课程上，讲师讲过谷歌公司的案例：

据说是一位谷歌前员工爆的料，说公司内部的政治斗争非常严重，帮派文化已经严重影响到公司的发展。谷歌创始人拉里最早是鼓励内部竞争的，但由于内部的斗争和分化日益严重，已经到了无法控制的地步，所以拉里紧急叫停了帮派争斗，他对管理层下了最后通牒，表示争斗必须全面停止，否则公司将对其“严惩不贷”。

“安卓之父”安迪不再负责安卓部门，就是因为内部斗争引起的。还有传言说的是前任谷歌搜索及产品项目经理和首席执行官之间打的不可开交，随后那位产品项目经理出走谷歌，担任雅虎 CEO。

谷歌的问题存在于很多公司，内斗严重影响了公司的发展。所以，管理者必须及时发现制止小圈子的形成。同时，员工也不要急于结盟。

刚进入一家新公司，聪明点的人都会选择站队，找靠山，然而当你没有了解团队氛围与人员背景时，盲目站队只会带来不必要的麻烦。

在我打工那会，经常会遇到站队的问题，有时候我也耍点小聪明，加入那些比较有影响力的圈子，为的是在公司站住脚。成为管理者之后，再回头看看，这的确是一个真实存在的现象，而且不好管理，只有尽可能通过制度去限制这些小圈子的影响力。

这些年，我带过的团队不少，见过的小圈子也很多，对其破坏力非常了解。就拿商学院这帮同学来说，所谓的同学，其实很多都不认识，上了几次课之后，相互根据业务需要发了名片才逐渐熟悉的。

这里的圈子很有意思，大致分为两类，一类是土豪没文化型的，一类是有真才实学没钱型的。实际上能来这里上课的，钱是肯定有的，只是有多有少罢了；文化水平也凑合，至少都认字，来这里一是为了扩大人际交往，二是为了拉升档次。

大部分同学还是比较低调的，只有那些文化水平特别高和那些特别有钱的人不自觉走到了一起，其他人也不站队，既没那么有文化，也没那么有钱，所以权当看戏了。

有文化的那波人特别看不起那些土豪，结果土豪自然反感，开始挤兑他们没钱。两派互相攻击，场面十分“热闹”，有时还在课上争吵，各持己见，弄得讲课的教授都不知如何是好。教授们谁也不敢偏袒，因为都得罪不起。

从看热闹的角度来说很有意思，但是从团队管理者的角度来说，这样的场面几近失控，已经到了无法管理的局面。

一旦小圈子建立起来，再想管理难度就大了，最好的办法就是依靠制度的力量，将这些潜在的办公室小圈子扼杀在摇篮中。

我以前带过一个团队，是最常见的外地帮与本地帮的矛盾，公司里本地人居多，比较排外，但随着规模逐渐扩大，外地员工数量与本地员工基本持平，矛盾冲突不断，小圈子迹象明显，从中午吃饭就能看出来。从最早的大家在办公室开火做饭，有说有笑，到后来三五成群各自出去吃饭，再到本地员工与外地员工分为两派吃饭。

我觉得势头不妙，在工作中两派员工互相排挤，互补合作，导致工作效率很低，团队问题重重。上面的领导给我施加了很大压力，不得不着手处理。我试着在午餐时间将大家聚到一起，请他们吃饭，谈谈工作，扯扯闲篇，但是气氛很差，两派人互不说话；私下里谈话，本地员工与外地员工都对彼此存在很大偏见，不愿意相互合作。

我发现调解的作用甚微，只能从制度入手，虽然公司已经做出过明文规定，但是口号性质过多，很难落实。我在征得上级领导同意之后，重新制定了薪资奖励方案，将团队业绩与个人业绩挂钩，只有当团队目标完成之后，员工才能拿到高额奖励，而之前每个人各自为战，只为自己的绩效提成努力，拖了团队的后腿。

之前那些喜欢单打独斗、个人能力超强的员工意见最大，因为他们的奖金受到了大幅度影响，逐一谈话之后让他们认识到合作的重要性，以及制度改革的必要性。

从此之后，外地帮与本地帮虽然依旧彼此看不起，但是看在奖金的分上，他们也开始相互合作了。矛盾还是会频繁爆发，但是都是有关工作的，谁的进度慢了，谁做错事了。两派员工从相互诋毁变为了互相监督，团队效率反而提升了。

在我看来，处理办公室小圈子靠人为调解不如靠制度，尤其是与金钱沾边之后，效果都不错。跟谁有矛盾，也不会跟钱有矛盾，这是一个务实的年代，谁也不傻。不过，最好是在组建团队之初便将制度定好，这样可以最大化防止小圈子的建立，免得走了弯路。

北大学堂：办公室小圈子类型

A. 地域型小圈子

以地域划分的小圈子，一般常见为本地员工圈子与外地员工圈子，在大型企业，还会形成各个地方的派系。这些圈子一旦形成，员工会非常看重地缘关系，而不顾大局和团队利益。

B. 利益型小圈子

这类圈子也比较多，大家为谋取共同利益而结交，彼此心照不宣。有利可图则不遗余力，相安无事，一旦无利可图就会出现问题，要么作壁上观，要么从中作梗，严重影响团队日常工作以及公司利益。

C. 情感型小圈子

新员工初来乍到，习惯性找靠山，他们会从情感方面拉近关系，比如认老乡、找同窗、攀兄弟、拉姐们，他们会通过私下走关系拉近感情的方式，进入自己的目标圈子。这就导致团队不公的出现，因为这些圈子总会优先照顾那些关系近的人，并不是按照工作能力评判的。

D. 兴趣型小圈子

以共同兴趣爱好为基础，从业余交往开始，逐渐发展到工作领域，最终模糊了工作与休闲的界限，做事只认小集团，不顾团队大局。

图解分析——圈子圈套

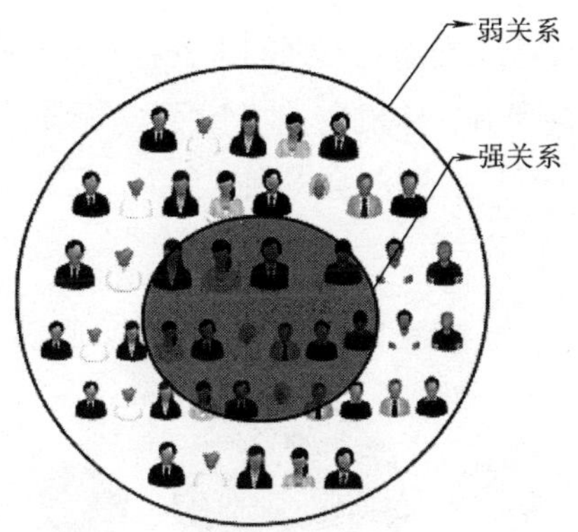

如上图所示，图中蓝色部分代表着办公室的小圈子，属于强关系，平时联系紧密，相互关照，处于核心利益集团的位置；外层则是弱关系，被排斥在圈子之外，自然也得不到太多实惠。具体如下图所示。

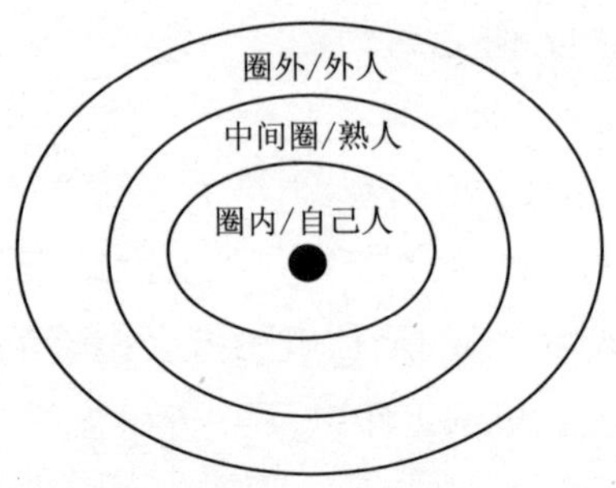

在办公室，一旦形成这样的圈子，所有人都会争先恐后往里挤，这就造成不良影响，员工不再关注工作，而是想着如何讨好核心圈子里的人，这样才能拿到实惠。

LMX 理论，Leader-member exchange，领导下属交换理论，该理论由 Graen 和 Uhl-Bien 在 1976 年首次提出的。

意思是领导根据下属与其交换质量的高低，将他们归为三个不同交换质量的“圈子”，如图所示，圈子最里层属于“自己人”，是亲信圈子；中间一层属于熟人，关系不远不近；最外层就是外人了，是一些关系较远，只有工作关系的下属。

如果在一个团队中，团队管理者首先自己设定了小圈子，那么这个团队必将问题重重，这也是公司老板需要注意的问题。

最里层的“自己人”都是领导信得过的亲信，也会得到更好的关照，这就会形成任人唯亲的局面，把那些工作能力不强的人安排在重要岗位，这是团队发展大忌；中间层的熟人偶尔会得到一些机会，他们会努力表现，想方设法挤进最里层的圈子；最外层的就属于办事员了，很少会得到机会，所以工作情绪也不高，效率低下。

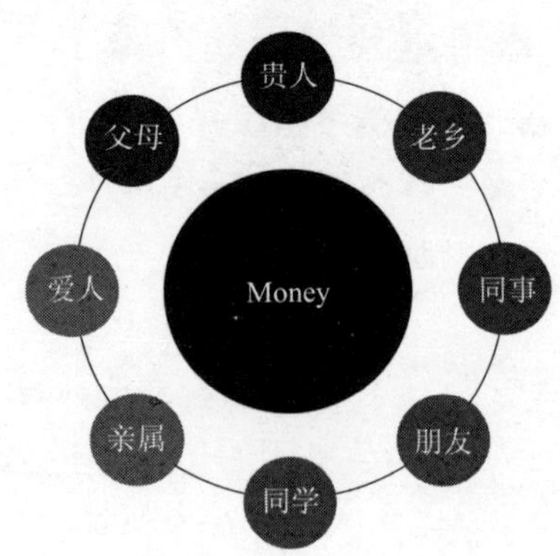

上图反映的是各种圈子实质上都属于因利结合，当然这种说法可能有些偏激，但在工作中就是这么回事，无论是老乡、老同学、老朋友组成的圈子，都是为了一个“利”字。这是一个很现实的问题，但也方便领导者进行管理。

在制定团队规章制度时，用利益牵制公司各个小圈子，让他们做到只有相互协作，保持团队高效运转才能够让个人利益最大化，一旦形成这样的局面，再出现任何圈子都不可怕了，无论怎么闹，这些人都必须保证团队利益最大化，因为这跟他们的个人利益息息相关。

老板唱红脸，让主管唱黑脸

管理团队，一定要有一个唱红脸的，一个唱黑脸的。鼓励与批评并存，你不能总骂员工，骂走了不好，骂疲了也不好；你也不能总是鼓励与赞美，这帮人真不出活儿啊！所以在我看来，一个唱红脸，一个唱黑脸是最好的管理方式，该骂骂，该赏赏。

谁来唱红脸？谁来唱黑脸？

记住，老板一定是唱红脸的，得罪人的事交由下属干。很多小老板都不懂这一点，他们凡事亲力亲为，都是从一线走上来的，所以很多事看不惯就直接开骂！

这不对，这样做的话，公司也做不大。一般小打小闹的公司做到15人是个坎，大点的50人是个坎。再大点的200人又是个坎，即便老板能力再强，他也管不了那么多人，手底下直接领导十人以下的高管团队就够了，其他人让高管去负责。

你不可能盯着每一个员工干活，那你还干点什么吗？所以放权给高管，有问题你直接找高管，不要骂员工，人家拿那么点钱犯不上挨完主管骂再被老板骂。

难道放手不管？这更不行，90%的员工没有那么高的工作热情，你要设定制度，你要放权给高管，同时要定期检查，施压，这样才能让公司保持在高效运营的状态。

你需要做的就是对员工好一点，让他们在重压之下感受到老板的关怀，觉得公司还不错。作为老板，只需要对高管唱黑脸，当公司出现问题时，把这几个人找来，给他们施压就够了。你要相信，高管在被你骂完之后，一定不会放过那些消极偷懒的员工的。

在京广中心上班那会儿，五十层以上都是公寓住户，其中丰田汽车的很多高管都住在那。我只是物业部主管，当时的层次比他们低多了。不管你喜不喜欢他们，这些日籍高管的确很有风度，素养也高，每次见面都会主动打招呼。

工作中，高管很少责骂普通员工，反而对待基层员工态度和蔼，宽容力强。然而，如果出现问题，日籍高管的脸就会拉下来，他们严谨的工作态度不允许出现任何差池，他们会当着基层员工的面训斥公司中层干部，态度严厉，不留情面。正因为这样的管理制度，让团队运转得井井有条，也会让基层员工的心里更加平衡。

至于基层员工，如果出了问题会有直属上司找他们谈，高管不会越级处理问题。所以说，制定合理的制度很重要，层级明确，职责清晰，这样才能有助于团队的合理运转。

既然老板不能唱黑脸，那么得罪人的事只能落到主管的头上，他们是负责直接与基层员工打交道的，而大部分人都是有惰性的，尤其是普通员工，缺少适当的鞭策很难让他们鼓起干劲。

在带领过的团队中，有精英团队，也有比较普通的，无论是哪一种，都存在各种各样的问题，但我面对底层员工多是以鼓励为主，看到问题当时不会指出来，而是找主管私下交流，由于中国的人情世故讲究中庸之道，我并不会像前面提到的日籍高管那样，在众人面前给下属难堪，下属也都很懂事，说了就改。至于一线员工，我会制定严格的规章制度，并督促主管们严格监督，毕竟除了那些很优秀的员工，大部分人总会出现各种各样的问题。只有依靠制度的力量，才能让他们紧绷神经，努力工作。

一旦出现问题，就需要主管站出来唱黑脸，该骂骂，该罚罚，丝毫不留情面。有些人天生懒惰，而且态度消极，不把工作当回事，你对他们宽容，他们反而得寸进尺。所以，不要怕唱黑脸得罪人，这是管理者应该做的事，事先把制度讲明白，违反了制度就按规定处理。完不成业绩的走人，犯了错误的就该罚，绝不能让制度成为摆设。

北大学堂：批评下属的艺术

犯了错，把人拽过来大骂一顿，这谁都会。老板花钱请你来当主管，就是过瘾来了？如果大骂一顿能够解决问题那自然好，但往往适得其反。一旦处理不好，员工也会翻脸，导致人才流失的情况比比皆是。

尤其在今天“80后”“90后”成为公司主力军的时代，他们的个性与自尊心都更强，一旦领导处理不好批评的尺度，就会导致矛盾的爆发，不利于团结。

A. 点到为止

【案例1】

在巴西世界杯期间，身为资深球迷的小李经常熬夜看球，工作状态非常差。张sir是他的领导，也算半个体育迷，能够理解小李的行为。但是那会世界杯刚刚开始，到结束还有一个月的时间，如果小李每天熬夜看球，工作状态势必受到影响。

张sir是一位聪明的领导，并没有单独找小李交谈，而是在一次接水之后随意问道：“昨天巴西队的比分多少？”

小李虽然很困，但是突然来了兴致，跟领导聊了起来。简单交流之后，张sir拍了拍他的肩膀，说道：“球赛精彩，别影响到工作，挑关键比赛看看就行了。”说完，还给小李的桌子上放了两包咖啡。

小李也很精明，马上意识到领导的提醒，之后不再场场必看了，工作时的精神头也好多了。

张 sir 用的是点到为止的方法，对于情商比较高的聪明员工来说比较有效。员工并不会感到被批评了，而是来自领导的善意提醒，不仅不会影响情绪，还会起到激励作用。

B. 依靠制度

【案例 2】

刘天是一名房地产业务员，他最大的问题就是生性懒惰，每到季度评比时，他总是最后一名，可他一点紧迫感都没有。因为没有底薪，所以他们公司不设末位淘汰制度，刘天也一点不着急，每天就念叨着“半年不开胡，开胡吃半年”。他总希望接大单，却不努力跑业务，这让领导很不满意。

他们家店长是个女的，脾气挺好，平时对刘天也不错，但是这小子就是不干活，在提醒了几次之后，店长也急了，开会的时候点名批评了他。本以为刘天能有所收敛，没想到依然如故。

虽然没有末位淘汰制度，但是店长是有业绩压力的，而且刘天这样的员工会对团队造成消极影响。店长向上面反映，并制定了一套末位淘汰方案，当该方案通过之后，店长把白纸黑字摆在刘天面前，并下了最后通牒，如果这个月再不开胡，就给我走人。

制度是硬性指标，批评下属时用制度说话，这类方法适用于那些屡教不改的员工。这些人往往情商较低，不知进取，对付他们只能依靠强硬手段。

除了上述两点最常用的方法之外，还有很多方法，比如：

C. 无形批评

这是一种间接批评方式，管理者通过塑造团队文化、氛围，让员工形成自我监督，彼此批评的方式。比如说个人业绩与团队业绩挂钩，如果每个人不完成一定的业务量，那么团队奖金就会泡汤，这样的话，那个拖后腿的人不用领导直接出面，员工之间就会向他施加压力。

D. 直截了当

这种方式也适合比较笨的员工，一般来说，为了照顾员工面子，领导者说话喜欢婉转一点，然而这样的表达方式，那些缺失经验或者情商较低的员工就会听不懂，索性直接表达批评的意思，只是注意言辞跟态度即可。

E. 切忌背后批评

不要在背后说员工坏话，你是领导，你有这个权力，没必要背后论人是非，这会严重影响你的公信力。而且你的话经过层层传递，到了员工耳朵里早就变了样，容易导致更大的矛盾。所以，有话要直说。

F. 其他注意事项

重复批评、过度批评、比较式批评，这些都是不宜采用的方法，会激发员工的逆反心理。总之，在批评员工时，要考虑到对方的心理承受能力，性格特点等因素，有些人点到就明白了，有些人你必须指着鼻子批评才能听懂。总之，如何批评员工，考验的是一个管理者的情商高低。处理好了，你的团队就会良性发展；处理不好，团队氛围就会很紧张。

图解分析——有效沟通

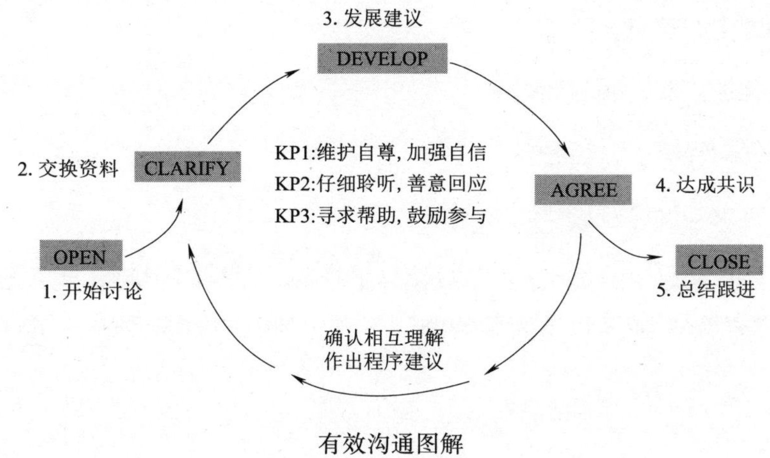

有效沟通图解

这是从医药联盟网站下载的一张图表,以此简要分析

老板唱红脸,领导唱黑脸,其实讲的都是沟通之道,目的是为了解决问题。现在根据这张表格进行详解:

1. 开始讨论。管理者不能上来就批评,而是以讨论的方式介入话题,要让员工理解,否则强硬下命令的效果不好。

2. 交换资料。这里指的是信息的交流与分享,管理者将问题反馈给员工,比如某人发票开错了数字,管理者要告诉他,因为他的失误给公司造成了多少损失。而员工对此如果有异议,也可以提出来。彼此交换信息,就能够更好地理解对方。

3. 发展建议。这主要是管理者向员工提出一些建议或意见,告诉他们该怎么做,如怎样弥补自己的失误,下次该怎样做等。

4. 达成共识。只有让员工意识到自己的错误,才能让他们更好地接受。批评不是目的,而是让员工不再犯类似的错误,所以管理者结束这次谈话时,一定要与员工达成共识。

5. 总结跟进。有些员工一次提醒就够了,下次绝不再犯,然而有些人却屡教不改,所以管理者必须要亲自跟进,看看他们是否长记性,如果继续犯错,还要采取进一步的行动。

圆圈中的三点:

1. 维护自尊,加强自信。

2. 仔细聆听,善意回应。

3. 寻求帮助,鼓励参与。

这三点都是讲给员工的,在被领导批评时,不要被动接受,也不要带着情绪,你要清楚,领导也是为了帮助你不再犯类似的错误,所以一定要积极沟通。

建立末位淘汰制度,不养闲人

在北大管理学院的课堂上,老师讲过末位淘汰的概念,它是由通用电气董事长杰克·韦尔奇提出的,也称为"活力曲线",或10%淘汰率法则。

通用电气公司每年会对员工进行打分,区分出ABC三个不同等级的绩效表现。

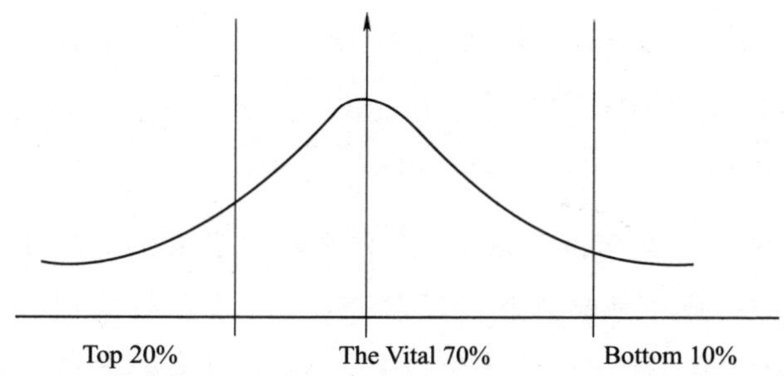

以业绩为横轴(由左向右递减),以组织内达到这种业绩的员工的数量为纵轴(由下向上递增)。

利用这张正态分布图,你将很容易区分出业绩排在前面的20%的员工(A类)、中间的70%的员工(B类)和业绩排在后面的10%的员工(C类)。

A级员工的薪资是B级员工的2～3倍,而C级员工则面临被淘汰的危机。杰克·韦尔奇认为,这种末位淘汰的制度能够有效激发员工的积极性,从而帮助公司快速成长。

关于末位淘汰制的争论从未消失,有人说好,有人说不好。的确,末位淘汰有利有弊,这完全要取决于老板了。在我看来,建立末位淘汰制很有必要,至少在我的团队中一直沿用这样的方式,有人说过于残酷。我想说的是,市场竞争一直都很残酷,哪天你的公司倒闭了,这才是真正的残酷。

你对员工仁慈，市场就对你残忍。做公司要的是利润，花钱雇人就是为了让他们创造利润，如果不能带来利润，凭什么养着他们?

公司不是福利机构，是要赚钱的，无法给公司带来利润的员工不是好员工，末位淘汰式的竞争机制，能够很好地激发员工的神经，让他们保持一定的压力与工作热情。

设立了末位淘汰制，就一定能够让团队良性运转吗?

不一定!

我带过很多团队，也给很多公司做过培训，我提出的方案都包括末位淘汰机制，却留有余地。例如，给最后一名员工留出缓冲期，或者转做其他职位，并不急于辞掉他们。

只是每家公司的老总根据实际情况，制定了不同的规章制度，然而效果却不同。有些公司采用末位淘汰之后，整个团队被激活了，业绩突飞猛进;有些公司则被搞得人心惶惶，团队涣散。

曾经给一家证券公司做过培训，他们就采纳了末位淘汰制，但效果很不好。2007 年之后，股市开始进入漫漫熊市，公司又在行业内排名靠后，老总非常着急，花钱请我们过去，于是便提出了末位淘汰的考核制度。我承认，在我服务过的很多公司中，并非都起到了积极的作用，培训这个行业了解的都知道，如果我给谁做培训谁就能赚到钱，我要是有这个本事早就不做培训公司了，自己干不就行了。我只是根据我们的经验、能力，结合所服务公司的特点，提供可行性方案，至于最后是否被采纳，是否有改动，这都是老板的事。

再来说那家证券公司，在进行后期回访时了解到，团队之前死气沉沉的气氛确实被激活了，很多混日子的老员工被挤走了，招来了一批年轻有为的新人，学历高，天资聪颖，然而缺少经验，心理素质也参差不齐。

证券公司老板是一个比较固执的人，严格执行末位淘汰制，有些新人运气不好，还没进入状态就被淘汰了。听说有些人离开之后在其他证券公司反而做得不错，有个小女孩就是，心理素质不好，有压力就做不好事情，来到一家氛围轻松的公司之后，反而将潜能发挥出来，在业内都小有名气，这让她之前的老总很不甘心。

在网上看过一个网友的提问,他之前是一个 6 人营销团队的主管,每个人各司一职,配合得不错,直到老板要求引入评级制度,要求每个团队实行末位淘汰。本来团队人员搭配合理,关系也很融洽,但规定出来之后,必须淘汰掉一个人,在跟老板力争无果之后,最终还是有人妥协走了。后来,团队来了新人,一切都要重新磨合,重新分工。团队迫于考核压力,竞争气氛逐渐浓厚,往日的亲密关系不见了,人心涣散,各自为战,最关键的是团队整体业绩不增反降。

对于几个人的小团队来说,如果每个人各司其职,能够发挥出各自的作用,那么完全没必要采用末位淘汰机制。一旦淘汰掉一人,势必需要补充新人,既没有达到精简的目的,还要面临重新磨合的问题,只会拖累团队。

末位淘汰适合单兵作战、人员众多、强调激励的岗位,目的是精简人员,刺激员工。但前提是,不影响团队的正常运行。例如,房产中介就面临人员过多的问题,如果没有底薪还可以,但如果采用“底薪+提成”模式,就会出现有人混日子的情况,这时末位淘汰制就会发挥作用。

鉴于末位淘汰的利弊性,很多人不建议采用,但我还是比较推崇的,至少我的团队都会沿用这种制度,只不过形式有变化而已。最后一名的去留问题我不做主,而是让全体员工做主,大家投票决定,除非全票通过,否则绝不辞退。但是相应的惩罚措施是必不可少的,要么转岗降薪,要么扣除工资奖金,要么无偿加班等。

我的目的很简单,就是不养闲人。我这不是大公司,养不起那些厚脸皮、混日子、不负责任的员工,然而小公司是最讲人情的,我对得起你,你也要对得起我。如果总是无法完成公司的任务,总是最后一名,就说明是能力问题,那么我可能会将这些人调去做前台啊,助理啊这样的工作。以后如果表现好,还想再次证明自己的人,还是可以申请重返原来的岗位,继续参与竞争。

我认为,这样的末位淘汰机制是比较合理的,也合乎人情。

北大学堂：末位淘汰制利弊分析

是否引用末位淘汰机制，要根据每个公司、每个团队的性质决定，在此罗列出末位淘汰制的优势与弊端，仅供参考：

A. 优势分析

➢ 激励作用

末位淘汰制最大的优势就是其强大的激励效用，有效避免人浮于事的现象，同时提高团队竞争氛围，有助于公司业绩提升。

➢ 精简人员

如果你的公司人员过剩，实施末位淘汰制度可以起到分流员工、缩减团队规模的效果，并能够形成精英团队。

➢ 提升企业管理水平

在企业发展的适当阶段引入末位淘汰机制，能够有效激活员工的工作积极性，从而整体提升企业管理水平。

➢ 减少管理成本

在一些管理并不完善的企业，实施有效的绩效考核制度所需周期较长，同时需要承担较大的成本，推行末位淘汰法则显得相对简单，并且行之有效。

B. 弊端分析

➢ 破坏合作精神

一旦采用末位淘汰制，势必加剧竞争氛围，出于个人利益的考虑，团队成员不会再像之前毫无保留式的紧密合作，相关人员之间的直接利益冲突，势必破坏团队合作精神。

➢ 加剧危机感，跳槽频繁

当危机感越来越大，员工的忠诚度随之降低，那些心理承受能力不强的员工，一旦有更好的机会，往往会选择跳槽，造成团队流动性加强，不利于团队稳定。

➢ 忽视公司长期利益

末位淘汰很容易造成员工短视的结果，为了完成当前的任务，员工会忽视或牺牲掉公司的长期利益。如销售人员为了完成本月的业绩，很可能不择手段去卖产品，无法兑现承诺，忽视对客户长期关系的培养，忽视售后服务，长此以往势必会损害公司的长远利益。

➢ 频繁换人导致人力成本骤增

一旦有人被淘汰出局，就会面临填补岗位空缺的问题，那么新人到岗，无论有无工作经验，都会增加招聘成本和培训成本。

➢ 不利于新人成长

新员工由于缺少经验，需要老员工帮扶，但是在人人自保的前提下，老员工的帮扶力度很有限，新人成长速度缓慢，从长远来看有损公司利益。

图解分析——企业人才矩阵

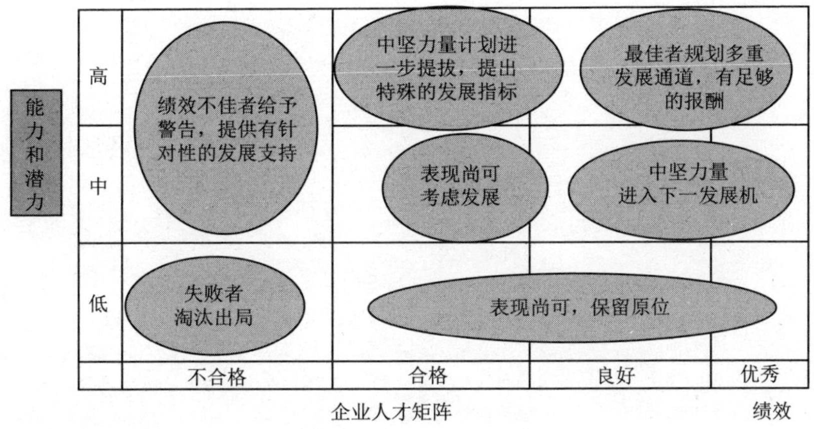

企业人才矩阵

这是一张摘自网上的企业人才矩阵图，简单分析如下：

这张表格按照员工的能力和潜力分为高中低三个档位，最低档将会被淘汰出局。

末位淘汰是一个循序渐进的过程,给员工设定了一定的缓冲期,绩效不佳者先是警告,由管理者给出针对性建议,帮助员工提高;表现尚可的处于中间地带的员工,考虑进一步培养与提拔;表现出色的员工给予优厚的奖金支持。

在几轮筛选过后进入实质性阶段,团队的中坚力量晋升,进入下一阶段培养计划;表现尚可的鼓励,保留原位;失败者只能接受被淘汰出局的命运。

Part Three

凝聚的力量：离开团队，你什么都不是

我＋我们＝完整的我

团队精神是企业文化的一部分，而且是很重要的一部分，很多小公司认为远没到谈论企业文化的层次，所以总是忽视团队精神建设。

说的也没错，连利润都无法得到保障的前提下，谈论企业文化显然更像是奢望。然而，在每一个团队组建之初，管理者就应该想到这个问题，唯有团队精神才能让你的队伍向更高的层次发展，如果不重视这一块的建设，团队很容易变为一盘散沙。

我们来看看微软公司是如何理解团队精神的：

1. 一群人同心协力，集合大家的智慧，共同创造一项智能财产，其产生的群体智慧将远远高于个人智慧。

2. 个人的创造力是一种神奇的东西，源自于人类的心智潜能，它被情感所丰富，被技术所束缚。

3. 一群人全心全意地贡献自己的创造力，将结合成巨大的力量，结合的创造力由于这一群人的互动关系，彼此激荡，而更加复杂。

4. 这种复杂的情况之下，领导变成像是人际互动的交响乐指挥，辅助并疏导各种微妙的人际沟通。

5. 在团体中的沟通和互动正确而健康时，能够使这一群人的力量完全结合，会产生相加相乘的效果。抵消互斥、沟通顺畅能使思想在团队中充分交流传达，并形成最佳效果。

6. 倘若忽视了团队精神,则只有平庸的结果。

我+我们=完整的我

组建团队,尤其是一支精英团队,每个人都希望实现个人价值最大化,作为领导者一定要让员工明白,要做到这一点,唯有依靠团队的力量。

个人如果无法融入团队,哪怕能力再强,也无法给团队带来多少帮助,自己也很难得到提升。

孙悟空武艺精湛,能力超群,除妖降魔,无所不能,然而最初孙猴子不羁的性格却给团队带来了不少麻烦。可想而知,如果孙悟空没有在唐僧的引导下,逐步融入团队,那么最终可能只是一只称霸一方的猴子王而已。只有当他以团队利益为重,将个人能量与整个团队完美融合之后,才最终西天取经成功,修成正果。

如果将一只蚂蚁单独放在地面上,它只会毫无目的地乱爬;但当蚂蚁聚为一群,情况就完全不同了。它们会建造复杂的蚁穴,四处搜寻食物,并合力将食物带回家;它们会保护待孵卵,在蚁穴的通道里培植真菌等。

一只蚂蚁可能不会引起我们的重视,但我们绝不能轻视一群蚂蚁的力量。任何时候都不要忘记团队的重要性,它是我们成功的保障,培养团队精神,让我们的能量借助团队的平台得以完美释放。

我非常看重团队精神的重要性,就是因为曾经在这方面吃过很多苦头,最早组建团队的时候,认为企业文化、团队精神都是做大了之后的事,眼光死死盯在眼前利益这块。对待员工,我只看结果,完成业绩的就是好员工,完不成的就是差员工。

如果领头的没有一个正确的认识,那么团队无法得到良好发展,在我的偏见之下,团队氛围变得很差,人人自危,互不合作,办公室里员工很少交流,现在看来,当时每个人的脸上都写着“痛苦”二字,只有我没能看出来,还在为此洋洋得意。

我想为当时的错误决策向员工道歉，如果你们能看到这本书的话，我承认忽视团队精神建设是非常严重的失误。当年的伙伴早就各奔东西了，我没能为他们塑造一个良好的平台，也没有给他们带来高薪，有的只是压力与抱怨。

这样的团队是非常不牢固的，员工在这里既找不到快乐，又拿不到高薪，离职率非常高，我这里成了很多人过渡的平台，最终造成的损失是双方的。

从管理员工的角度来说，培养团队精神也是非常重要的，因为国内员工在这方面做得并不好，他们可能个人能力非常强，但是协作能力却很差，正应了那句话“单干是条龙，合作是条虫”。

我在国外待过一段日子，似乎在外国人眼中一直有这样的偏见，中国人不善合作。一位著名的学者曾经调侃道：如果在内斗方面设立一个诺贝尔奖的话，中国人应该是这一荣誉的得主。

这话听来着实让人寒心，却是不争的事实。就在我们身边，各种因合作出现矛盾从而分家散伙的故事不绝于耳，以至于人们见怪不怪。

北大管理课程上，经常谈到一种奇怪的现象，广泛存在于美国 IT 行业：

如果公司总裁要解雇一个亚洲人，在中国人和日本人之间做选择，那么被解雇的一定是那个中国人。为什么呢？并非歧视，而是因为中国 IT 业的精英们不能够很好地与他人合作。

在美国老板看来，日本人做软件的一大特点就是善于把握整体，从整个体系架构上看，他们的作品非常清晰，按照客户的要求实现了全部功能，而且相当稳定。但是，如果只看具体的代码，他们的水平要比中国的职员差很多。

中国的软件工程师往往更喜欢单独琢磨数据、结构、算法，各干各的，很少沟通。论个人能力，绝对是一顶一的高手，但不能保证把一个软件稳定、完整地开发出来。正是由于缺少协同合作的精神，所以当公司裁员时，中国人总是难逃厄运。

缺乏团队精神,能力再强也不能为集体带来正能量,只会拖团队的后腿。所以管理者一定要从自身重视团队精神的培养,无论你的公司、团队规模如何,即便只有几个人,也要让他们拧成一股绳。

北大学堂:团队精神的培养

关于培养团队精神有很多种方法,介绍一些比较实用的方法:

A. 目标激励法

北大上课时的一位校友告诉我,那些所谓培养团队精神的方法都不好使,最管用的就是目标激励,换句话说也就是业绩刺激。

管理者为团队设定一个目标,告诉团队成员,完成目标之后将会拿到怎样的奖励,在利益的驱使下,每个人都会紧密合作,无论关系好坏,为了早日实现目标,拿到奖金,大家都能够形成高效合作。

他说的一点都没错,讲什么大道理,谈什么梦想,都不如人民币好使。大家都是聪明人,懂得只有合作才能让效率最大化,所以通过目标激励的确是有效途径。

B. 通过领导影响力强化团队凝聚力

团队的管理者的作用是至关重要的,他/她可以轻易将不同性格、不同兴趣的员工凝聚在一起。我认识很多小老板,没事也去他们的公司转转,就五六个人,大家就像是家人,很随和,无话不说。熟悉之后,我了解到他们的薪水并不高,也就是行业中游水平,我很奇怪,问他们为什么不跳槽,大家的回答如出一辙,这里氛围挺好,老板人不错。

跟对人很重要,这一点大家都懂,所以一旦员工从心里认可这个领导,就愿意跟着他,这也是为什么每家公司的领导辞职,都会带走几位得力下属的原因。

正因此,领导要学会利用个人影响力增强整个团队的凝聚力,将每个员工的能力激发出来,让团队保持高效率。

C. 建立科学合理的管理制度

小公司讲人情，大公司谈制度，合理的制度也是培养团队精神的保障。大家按照公司规则办事，行为制度化、规范化、程序化，也是保证组织协调、有序、高效运行的有效方法。

D. 积极交流，有效沟通

很多人与同事之间的关系很僵，甚至平时还要提防对方，在这样的环境下工作，很难形成凝聚力。因为利益，有异心也是很正常的，但通过积极沟通，可以很大程度上化解矛盾，增进理解。

作为管理者，就要尽可能创造沟通环境，让团队成员成为家人而不是敌人。管理者自身需要频繁跟员工互动交流，不要仅限于工作层面，私底下也可以成为朋友；此外，多组织各类活动，让每个人都能充分了解彼此，随着交流机会的增多，每个人的感情也会增加，就算做不成朋友，也能消除各自心里的戒心。

图解分析——团队精神的作用

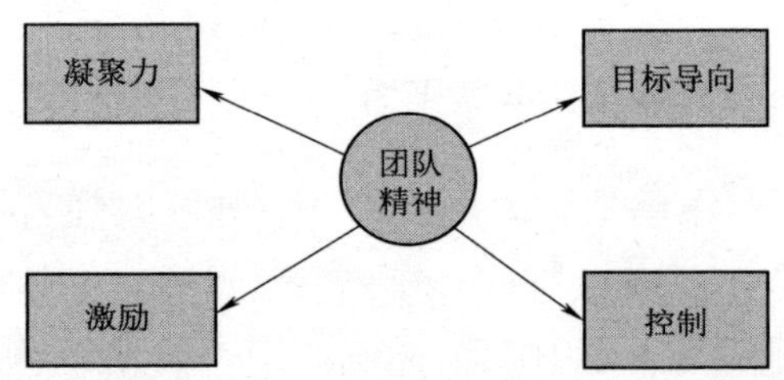

如图所示，从左到右，团队精神的作用主要分为四大块：

【凝聚力】(Team Cohesiveness)

一个团队想要保持正常运转，必须要有一定的凝聚力。大公司可以用规章制度进行管理，中小公司靠的则是成员之间的信任与凝聚力。培养团队精神，让员工在长期工作中建立起信任，形成合作习惯，加深沟通，时间久了就会产生强大的凝聚力，有利于团队发展。

【激励】(Team Motivation)

团队精神另一个功能就是激励作用,在团队精神的鼓舞下,让团队成员之间形成良性竞争氛围,每个人不仅为了物质利益,也为了荣誉去努力拼搏,不甘落后,这样的氛围一旦养成,就有利于员工的快速成长。

【控制】(Control)

团队精神会形成一种控制力与约束力,这是一种无形的力量,没有硬性规定,每个人却自觉执行,从最初的控制员工行为,到之后控制员工的意识,目的是为了让每个人形成共同的价值观,为了同一个目标而努力。

【目标导向】(Goal Orientation)

团队精神会给每一位成员指明方向,让大家朝着一个目标而努力,当每个员工完成自己的小目标,那么团队整体目标也就实现了。

关于领导亲和力的把控

关于亲和力的问题,很多管理者并不重视,他们以为规章制度可以解决一切问题。实际情况并非如此,想要让一个团队更加紧密地凝聚在一起,更好地协同配合,制度并不能起到关键性作用。

1949 年,哈佛大学心理学教授麦克里兰通过研究发现,人类的绝大多数社会行为可以由三种社会性动机进行解释,即:成就动机、亲和力动机、影响力动机。

在不同社会动机的驱使下,人们会自然而然地采取可使自己内心得到最大满足感的行动。作为团队领导者,要使团队成员更紧密的联合在一起,主要可以从三个方面入手:帮助成员达到一定成就、依靠个人影响力、发挥亲和力。

本节重点讲团队管理者的亲和力问题。

麦克里兰教授把亲和动机描述为“愿意与人建立和保持亲密、和谐、友好的人际关系或避免损害或中止这种人际关系的动机”，亲和力动机高的人很在乎人际关系的和谐程度，他们内心的满足感来自其他人的承认、喜欢。同样，亲和力强的人由于重视人际关系，也会被别人所喜欢。因此，一个亲和力强的管理者对于团队的维系、加强组织的凝聚力有着重要的作用。

亲和力是一种柔性管理，相比于个人能力、经验这些硬指标来说，亲和力属于软实力，对于某些管理者来说，亲和力与生俱来，他们可能技术、经验、管理能力都很一般，但是团队成员就是喜欢他，愿意跟着他干；而对于某些人来说，天生不具备这方面的才能，他也许个人能力很强，但就是不讨人喜欢。由于过于冷漠，缺少沟通，导致人心不齐，跳槽频繁，很难保持团队稳定。

A是一家广告公司老板，规模不大，当年我去他们公司的时候，只有十来个人。只见过几次面，合作最终没谈成，最重要的原因是他们是“夫妻店”，他说一句，媳妇说一句，到底听谁的做不了主，甚至我还在场的情况下，两个人就吵了起来。

我接业务有几条奇怪的规矩，但凡这种“夫妻店”从来不接，因为早年间被这种情况折腾的够呛。

按理说十几个人的小广告公司用不着培训，可是A跟我说，他很苦恼，给的薪水也不低，虽然工作辛苦点，但整个行业都是这样，为什么他的团队总是很难维持稳定，基本上每隔几个月就会有人离职，人员流动性很大。

我去了几次，发现问题不少，而问题的根源就在于两位老板身上，主要是A。他们当年在石佛营租了一间民居做办公室，地方不大，每个人之间只有小隔断，而A就坐在最前面，像老师一样看着每个人，一旦有人开小差，他就会眉头紧皱死死盯着他，弄得办公室死气沉沉，从没人说话。

我去的那年正值夏日，天气很热，我发现公司不开空调，后来跟员工打听才知道,原来A不喜欢空调直吹自己,所以只要他在,办公室就不能开冷风。

我抬头一看,整间办公室就有一个空调,装在A的办公桌上面。这么说来,只要他在公司,员工们就只能忍受酷热。

这种近乎于独裁的方式自己竟然不觉得,还好意思请公司做咨询。除了这一点,他在管理上也十分苛刻,他是做广告出身,干了几年跳出来自己创业,技术水平方面确实不错,而他总是以自己的水平去要求员工,甚至是刚毕业的新人,一旦方案不满意,就会当着所有人的面训斥一番。

去了两三次,发现了很多问题,其实质主要出在老板自己身上,更别说"夫妻店"导致的朝令夕改、相互掐架等,这样的环境,员工不离职才叫新鲜事。

我也从侧面了解了一下,他媳妇的为人处世还不错,对待员工也不错,每次有员工要离职,她都苦口婆心一阵劝,很多人都是因为她的面子才留下来的。

问题已经很明显了,两个老板,一个亲和力差,一个亲和力还不错,但是A负责日常管理,所以导致员工抱怨连连,而A很少沟通,所以员工有怨言也就是找女老板说一说,见情况毫无改观索性辞职走人。

类似的案例在很多小公司很常见,管理者因为缺少亲和力,导致团队不稳定,隔三差五有人离职也是常有的事。

这是管理者亲和力差的案例,还有一类情况正相反,管理者亲和力太强,也会存在问题,虽然团队联系很紧密,每个人看上去都很开心,但是团队效率却不高。

有一类管理者人缘很好,也喜欢善待员工,然而他们自身的业务水平有限,也会导致诸多问题,比如分配挑战性的任务、监督下属、处理绩效不佳的员工、推动组织变革等,这就导致了员工消极怠工混日子的情况,因为表现差也不会被批评,从而拖累了团队效率。

王姐是一位人力资源部主管,在酒店工作,她形象气质都不错,为人和善，说话慢条斯理，据说跟她平时吃素有关。我见过几次，总感觉说话有气无力，不过很会做人，绝对算是办公室的老好人，平时各个部门的员工有事都喜欢找她唠叨几句。

在她手底下有两个小女孩，都是人事专员，长得很标致，能说会道的，但就是太懒不出活儿。其他部门的员工找她们办事总是卡壳，很少有一次痛快的，碍于王姐的情面，又因为两个丫头嘴甜长得漂亮，大家也就过去了，反正酒店的效率本身就不高，领导不施压，大家就这么混着。

王姐很喜欢这两个丫头，明知道她们有懒散的毛病，但很少批评，她总是希望跟每个员工保持和谐的人际关系，所以即便是批评也说得跟开玩笑似的。

一次该酒店所属的万豪管理集团过来检查，碰巧有件事需要人事部来办，结果等了半天没办好，这让负责人很恼火，找到王姐问情况。她还是老一套，以为说几句客套话就过去了，没想到这次检查是来真的，最后因为人事部办事效率差，被点名批评。

像王姐这种亲和力过强的管理者也有问题，下属没有一点畏惧感，一些不自觉的人就会形成懒散、消极怠工等问题，给团队造成负面影响。

北大学堂：管理者如何提升亲和力

A. 反思处理法

如果你对个人亲和力不满，先不要急着你找各种解决方法，毕竟别人给出的方法不一定适合你。你要做的是通过反思的方式找到问题所在，你可以先静下来仔细思考，回顾当时发生的过程，并试着问自己如下问题：

- 造成当时情况的具体原因？
- 你如何看待事件造成的结果？
- 你当时想要的结果是什么？
- 你实际上做了什么？

- 最终的结果是什么?
- 如果重来一次,你会怎么做?

冷静分析之后,按照全新的思维模式思考,再问几个问题:

- 再次遇到这样的情况,你会采取哪些不同的措施?
- 按照全新的处理方式,最后的结果会有什么不同?

通过这种反思的处理方式,你会清楚当时导致亲和力降低的具体原因,并通过全新的思考角度,知道改变方法。

B. 情绪同步方式

管理者要在情绪、心境方面与团队成员处于同一个频道上,也就是要做到感同身受,设身处地从员工的状况、心绪出发,与他们的情绪同步。例如,员工抱怨工资低工作量大,作为管理者要站在员工的立场上,替他们着想,帮助他们向上级反映,分担大家的工作量。

C. 7+1 共识法则

所谓 7+1 共识法则,指的是如果你可以让一个人前七次都认同你,那么第八次开始,他就会习惯性认同你的做法。例如,你作为团队管理者,通过引导性的问题让员工同意你,支持你,引导他们回答“我赞成”“我同意”“我支持”“我了解”等赞同性回答,那么第八次之后,他们就会习惯性认同你。

D. 镜面映象

指的是通过模仿对方的声音、语调、肢体语言等方式获得认同的一种方法。例如,你的语速较快,但与你沟通的员工说话慢条斯理,那么你要故意模仿他的说话速度、语调等,与他形成同步,这样可以有效拉近距离,提升亲和力。

除此之外,还有一些常见的方法,比如兴趣一致、换位思考、保持微笑、幽默感、平易近人、个人魅力、真诚待人等,这些都是比较常见的方式,在此不做赘述。

图解分析——亲和力标准

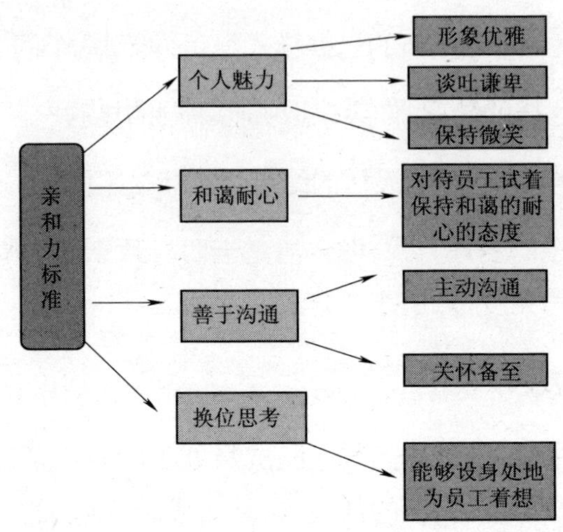

这是一张讲解亲和力标准的表格，主要分为【个人魅力】【耐心】【沟通】【换位思考】四大块。

关于【个人魅力】，细分为几小块，其中优雅的个人形象、谦卑的个人谈吐，以及始终保持微笑这些素质都是一个领导者必备的，没人喜欢一张冷冰冰的面孔，更没人喜欢与言语恶俗的领导交流，因此完善个人魅力是提升亲和力的首要任务。

关于【耐心】，虽然说每个领导者的时间精力有限，需要处理的事务又多，但是在与员工沟通时务必要有耐心，他们也许没有那么强的表达能力，但你一定要耐心倾听。如果没时间，可以委婉告知，并单独找时间与他们沟通。

关于【沟通】，这是增强亲和力的重中之重，没有沟通就无法加深了解，不了解何谈亲和力。作为管理者，主动沟通是很重要的，不要等着员工来找你聊。除此之外，平时多关心下属，这样才能加重你在对方心中的分量。

关于【换位思考】，很多管理者不懂得换位思考，凡事从个人角度出发，这也是导致矛盾的主要原因。员工有他的难处，有他的想法，唯有设身处地替员工考虑问题，替他们谋利益，才能赢得员工的信任与爱戴。

给不起高薪,就让公司像家一样

英格玛人力资源集团是一家人力资源外包服务机构,他们的企业文化就是“待员工向家人一样”,他们的案例也经常在北大管理课堂上提及。

“家文化”是英格玛企业文化的核心,如果你是英格玛的员工,那么你的家人就是集团的家人。2004年,作为全国首家实行“员工孝顺金制度”的公司,英格玛将“孝顺父母长辈”的传统美德融入到企业文化当中。

每个月,公司会从员工收入中扣掉50元,公司再补贴50元,一年下来就是1 200元,这笔钱作为“孝顺金”由公司分别在中秋节和春节两次邮寄给员工父母。

公司庄总说过:“如果一个员工连自己的父母都不孝顺,那一定不是一个好员工,哪怕他(她)再优秀我们都不要。”集团也将孝敬父母长辈列入英格玛人的十大标准中。

英格玛努力将公司打造成为一个大家庭,经常举行各类活动,拓展、聚会,建立员工社团,包括舞蹈社、羽毛球社、HR沙龙、户外运动俱乐部、篮球社等,力求让每一位员工在这里实现快乐工作。

要知道,英格玛成立之初只是一个小团队,正因为这样的企业文化,帮助他们凝聚人心,数年之间发展成为一家大集团。

这是一个疯狂追逐利益的时代,然而小公司同样能够留住人才,那就是让公司像家一样,给每个员工带来温暖,带来归属感。

如果你的公司没有那么强的实力,给不出一个很高的薪水,那么如何才能提升团队凝聚力?

对于高级人才来说，真的很难！

那些真正的人才，如果你付不起高薪，那么就没必要奢求，说明你的公司还没到那个地步。

然而对于很多中小公司，甚至小微企业来说，虽然无法提供优厚的福利待遇，但是同样可以通过凝聚力找到合适的人才。

如今，很多人工作的目的已经不是单纯的养家糊口，他们有理想，有情怀，很多创业公司都是依靠情怀在招人，一群志同道合的年轻人为了同一个梦想而努力，虽然这种组合成功的概率很低，但至少他们敢于尝试。

在此我们不谈情怀，有点虚，境界也有点高，我们讲讲其他方法。既然大家上班的目的不单纯为了赚钱，那么是为了什么呢？

我问过很多年轻人，尤其是“90 后”的员工，他们的回答大多比较随性，“高兴就好”“离家近”“同事关系融洽”……总结他们的回答，我发现如果一个团队的凝聚力强，对于他们的吸引力更大，仅次于高薪这个选项。

如果能把公司当作自己的家，把同事当作家人，这样的团队所产生的凝聚力一定会很强大。

在北大上课的那些同学，各行各业的都有，公司规模都还不错，没有特别小的，但很多人都是从小公司做起来的，谈起凝聚力这件事都很有感慨。他们也想用高薪留人的方法，但发现行不通，实力有限做不起，所以他们想到了各种各样的方法。有个人告诉我，他的团队一直很团结，凝聚力强，前几年公司一直就五六个人，每个人的关系都很好，像家人一样。

他现在经营了一家文化公司，以图书发行为主，之前他只是一个私人书商，因为跟社长认识，所以自己出点书赚钱。

因为跟社长关系不错，他就在出版社里面办公，找了两个发行，两个编辑，一个财务，就五个人，开始也没注册公司，就这么干起来了。这一干就是十几年，从来没有人离职，凭借的就是团队凝聚力。

问他有什么秘诀，他说就是把员工当自己的家人，把公司变成一个小家庭。的确，他待人友善，对员工也非常关照，创业之初，他们中午晚上都在办公室自己做饭,其乐融融,直到后来各自成家,晚饭才回去吃。

平日里没事的时候,他会主动跟员工喝上两口,唠唠家常,周末的时候还会组织大家郊游,虽然工资给的不多,但是隔三差五的出游也算是福利了。

随着信任的加深,关系的融洽,他们成为无话不说的朋友,逢年过节都会去各自家里串门,关系早就超过了同事的层面。

他对员工也是非常信任,比如发行人员,最早的时候汇款不方便,二渠道回款困难,都要发行人员自己去追款。为了节约成本,一般都是按照片区转一大圈,而他只有两个发行,一个管北方地区,一个管南方地区,这一趟收款回来,最少也得带着几十万元。

很多书商都不放心,要么自己出差,要么招聘更多发行人员,降低每个人收款的数额,因为当年这行跑路的很多,拿了回款就跑回老家了,根本没地方找人。

这份信任也是多年累积而来,员工没有把他当老板,他也像对待家人一样对待员工。之后,他成立了公司,扩大了规模,还给之前创业的几个人分了股权,直到现在,最初的五人团队也没人离开,大家已经把公司当成了家,当成了自己的企业,工作上没有任何私心。

听完这位同学的故事,让我羡慕不已,想必很多人也跟我一样,想要拥有这样的团队。把公司当成自己的家,并没有说的那么容易,在如今竞争压力大,社会现实的背景下,如果不能提供优惠的福利待遇这样的硬性条件,很难保证团队的凝聚力。

即便如此,无论作为老板,还是团队管理者,都要像对待家人一样对待下属,将心比心,相信你的付出也会换来下属的忠诚与努力工作。

北大学堂:公司→家 & 同事→家人

想要让员工像爱自己的家庭一样爱公司,就要首先营造家庭的氛围,给员工家的归属感,给他们关爱。让公司成为家,把员工当作家人,你会看到实质性的变化。

A. 给员工归属感

美国盖洛普公司曾经做过调查，一半以上的员工认为完全没有归属感，而员工归属感较高的公司更容易表现出“业务加速发展的趋势”。造成员工缺少归属感的原因有几点，缺乏信任、得不到尊重、对领导不满都是主要原因。

想要让公司有家的感觉，就要先营造归属感，作为管理者，要给员工一个明确的目标，充分信任尊重员工，并且保持积极沟通，解决他们的实际问题，降低不满意率，这些都会帮助员工提升归属感。

B. 时常聚会

上班很辛苦也很忙碌，在工作时间，大家很少能做到真正的交流。没有沟通就无法加深了解，更谈不上成为朋友或是家人。虽然大家因利而聚，但是作为团队管理者，没必要把利益看得太重，经常组织大家聚餐或是参加一些私下活动，能够有效拉近彼此距离。看起来花了小钱，实际上得了人心。

C. 制度灵活

想把公司打造得像家一样，那么就不能死咬制度，试想，你对待家人能够完全按规章制度办事吗？谁都有私心，谁都会犯错，如果不是很严重的问题，说说就过去了。制度是死的，人是活的，你没必要因为员工迟到就罚款，一百块的罚款没多少，但很可能因此失掉员工的心。小公司不能奢望既要制度又要家庭氛围，管理者要现实一点，灵活一点。

D. 尊重与关照

无论是上下级之间，还是同级之间，都要相互关怀，彼此尊重，不要出现命令式口吻。只有从心里把同事当作家人，才能真正营造出家庭的氛围。

图解分析——公司·家

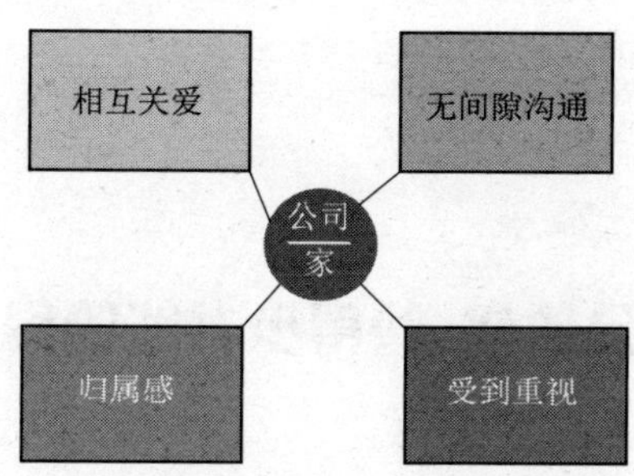

如图所示,如何将公司打造出家庭的氛围,无论是管理者还是员工,都要做出自己的努力。

【相互关爱】这是前提,管理者关心下属,同事之间相互帮助,这些都是让公司人际关系变得更加和谐的关键方法。人心都是肉长的,你对别人好,别人自然会对你好。管理者关心员工,那么员工也会更加卖力地工作,以此作为回报。

【归属感】为什么家庭在每个人的心中具有如此重要的地位,就是因为人需要归属感,而50%以上的公司都无法做到这一点。既然公司给不了员工归属感,那么员工跳槽也是很正常的,大家因利而聚,也因利而散,虽然符合市场规律,但是总缺少了那么点人情味。提升员工归属感,才能提升团队凝聚力。

【受到重视】现在的年轻员工很多都是独生子女,在家里一直被当作宝贝,被全家人所重视。忽然进入社会,进入职场,那些能力不够出色的人很容易被忽视,巨大的心理落差让他们很不适应,缺少归属感。所以,管理者要在精力允许的情况下,尽可能关照每个人,给予足够的重视,让大家有一种被认可、被尊重的感觉,这才能让团队成员更紧密,凝聚力也会更强。

【无间隙沟通】沟通永远都是最重要的,但是有过职场经验的人都知道,同事之间的沟通往往是很泛泛的,而且不敢多说,每个人似乎都在提防对方。如果想要让公司像家一样,想把同事当作家人,那么就要做到无间隙沟通，毫无保留真心相待。现代社会，走到这一点并不容易，管理者要身先士卒，尽可能与团队成员保持深层次沟通，然后帮助大家相互了解，成为朋友，甚至成为家人。

学会放权，管得少才能管得好

也谈谈放权，像这类团队管理的书市面已经有很多了，管理方法也都大同小异，关于放权的问题几乎在每一本同类书中都能看到，这也说明了放权的重要性。管理者再出色，累死你也做不出多大成绩。

既然身为管理者，就要做管理者该干的事，带领团队是你的任务，具体工作则应该学会放权，交给下属去做。

任何优秀的员工不是来你的公司“听喝儿的”（听从别人指派），人家是来做事的，来学习提升的。你什么事都独揽包办，不如找一群刚毕业的大学生，真正优秀的员工也不会加入你的团队。

作为一个球迷，中国男足的成绩令人心痛，但造成这一切的主因何在？真的是球员能力不行吗？恐怕这只是问题之一，背后的制度问题才是最大的病根。

国足请过多少任外籍主教练，其中不乏卡马乔这样的大牌，但成绩如何？恒大老板许家印花重金弄来了名帅里皮，成绩证明了一切，里皮确实有本事。

里皮卸任恒大主教头之后，一度传出他将入主国足的消息，让球迷们欣喜不已，但最终不了了之。

期间，里皮团队与足协进行过数次接触，足协给不起钱，里皮甚至愿意降薪一半，还给不起，许老板说我帮你给一部分，为什么最后还是没谈成。

期间势必存在诸多细节,但有一点值得注意,里皮希望率领自己的团队,拥有完全的掌控权,不允许中方教练指手画脚,更不愿有足协方面派驻的领队来领导全队。这一点对于足协来说,显然是不可以接受的,违背了“传统”。多少任外籍教练经历过这样的尴尬,自己在场边指挥,队员却要看后面领导的脸色踢球。再早些时候,甚至安排谁上场踢球不是听主教练的,而是领导开会决定。

我想说的是,哪个优秀的员工愿意接受这样的工作?除非你有钱。要么你给出一个无法拒绝的薪水,就像国足开给卡马乔团队的高薪,人家看在钱的分上过来执教,可能一开始也很认真,希望做出成绩,在新的领域证明自己,但谁能经得起这么折腾,朝令夕改,到底谁是主教练?所以到后来,洋教头早就习惯了,也听说了中国足球的状况,过来混事,给钱就行。而像里皮这样的教练,既有真本事,又有名誉,绝不会拿自己的一世英名跟中国足球豪赌一把。

就在前不久,里皮终于同意了接手中国国家男子足球队,里皮一再强调,必须要有足够的自主权。看来这一次,中国足协终于肯放权了。

对于管理者来说,学会放权,你才能找到好员工。如果你不希望带着一群毕业生冲锋陷阵,累死累活,那么就该做到充分放权,给员工一定的自主权。

Betty是一名物业经理,当年跟香港人布先生手底下做过,后来跟着布先生一起跳槽来到新的酒店。她是一位很能干的管理者,但都是自己冲锋陷阵,这一点也是她的缺点之一。来到新的单位,Betty开始着手组建团队,以当时酒店的薪水,她能找到的也就是一群刚毕业不久的大学生,她像保姆一样,告诉每个人该做什么不该做什么,事必躬亲。后来,就连这群学生都开始反感她,什么事都不让做,然后还骂员工“笨蛋”“一无是处”。

身处这样的团队,大家感到很委屈也很无奈,虽然大学生找工作不容易,但是面对这样的领导,很多人还是选择了辞职。酒店的提升空间本来就很有限,大部分职位都是青春饭,在这里既挣不到钱,也学不到东西,还要忍受领导的责骂,待下去有什么意思?

Betty的团队始终不稳定，因为她不懂放权，什么事都亲力亲为，团队的业绩也不好，后来听说她被辞掉了。

关于放权的问题挺有讲究，不能不放，也不能瞎放，一旦放权过度就会演变为放手，那么很容易造成管理失控。很明显的例子就是开饭馆，这是勤活儿，别以为当了老板就没事了，从买菜到上菜，都得盯着。

吉他（绰号）开了一间饭馆，由于厨子手艺不错，再加上他的交际广泛，开业很顺，人很多，生意红火。吉他很高兴，又有生意头脑，他马上去谈地方开第二家。然而，他之前没有开连锁饭馆的经验，他把全部精力放在新饭馆的筹建上，第一家饭馆则委托给了餐厅经理。

没过几天问题就来了，毕竟餐厅经理是聘来的，不是自己人。他开始利用职务之便牟利，采购时做假账，请朋友大吃大喝挂单。吉他过了一阵之后发现利润明显减少，这才意识到问题，只能放弃新饭馆的事，回来自己盯着。

吉他这种不叫放权，更像是撒手不管，同样也是错误的。那么，到底如何做到合理适度放权呢？下面，我在北大学堂这个版块予以详细介绍。

北大学堂：合理放权

A. 疑人不用，用人不疑

你对下属不信任，那好，不用他；你对下属信任，那么就不要怀疑他的能力，让他放手去做。当你放权给员工时，他们会倍受鼓舞，激发出工作热情，然而当他们看到你的疑惑时，热情很快就被打消，产生负面情绪。所以，管理者首先要学会看人，看准的人坚决放权，给他们充分的施展空间。

B. 管的少就是管得好

标题是杰克·韦尔奇的一句名言，它充分说明了高效管理的精髓。管的越少说明问题越少，问题都被下属解决了，说明放权的效果好，员工能够独当一面。

C. 明确绩效指标与完成期限

把业绩目标以及完成期限告诉下属,给他们压力,让他们明确自己的任务。放权的目的是为了更高效的管理团队,完成更高的业绩目标,不是简单地把任务丢给员工,而是告诉他们你的期望值。

D. 放权后的适时监督

放权之后不能不闻不问,监督并不代表不信任,适时监督还是很有必要的,以免出现管理失控的局面。同时,下属出现的各种问题,管理者也可以及时了解并辅导他们。

E. 列一份放权清单

通过清单管理的方式,更能够对需要放权的事项一目了然。把那些重要的事项列出来,这些是需要你亲自处理的;其他事项单独列出来,交由下属完成。通过清单管理,会让你的工作效率更高。

图解分析——赋权管理

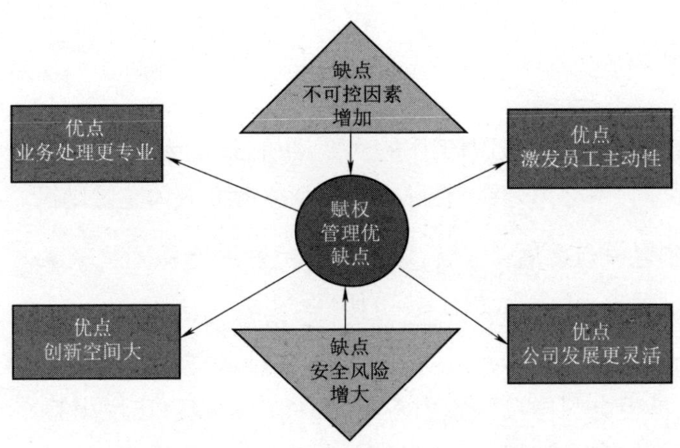

赋权是一种对管理风格的描述,跟授权的意思差不多,主要是指让下属获得决策权和行动权,它意味着被赋权的人有很大程度的自主权和独立性。

如图所示,它介绍的是赋权管理的优缺点:

先谈谈优点，赋权管理能够使业务处理更加专业，效率更高。当管理者将各项任务布分门别类置给相应的员工处理，既专业又能提升效率；

即便再优秀的管理者，他的能力也是有限的，尤其是创新能力，毕竟每个人的思维方式不同，眼界不同，所关注领域不同，所以放权给下属，让每个人充分发挥各自的想象力，便可以释放出强大的创新能力；

一旦员工得到管理者的授权，就会激发出相应的热情，大家都想做出成绩给领导看，不辜负这份信任。此外，公司在发展方面也会更加灵活，以上这些都是赋权管理的优点。

再来说说缺点，放权势必导致不可控因素增加。如果管理者不能把握放权尺度，不能监督员工的工作，那么不可控因素就会多起来，比如员工能力不行，导致业绩无法完成，拖累团队整体目标；此外，安全风险增大，一旦下属不作为或胡作为，势必导致团队出现较大问题。

荣誉留给下属，赞美留给自己

成就感是大多数人努力工作的次要动机，仅次于薪水，而当一个人达到一定层次之后，不必再为钱而工作时，成就感就会成为主要动机。

了解到这一点之后，团队管理者要想更好地增强团队凝聚力，就要学会与成员分享荣誉，甚至主动让出你的功劳。

在北大上课的时候，教授们总会提出各种各样的问题，有时候我们脑筋转不过来，教授会引导我们说出答案，即便由教授自己说出答案，他们也会送出赞美，把功劳全部留给学员们。

当学员在教授的引导下回答正确，每个人的脸上都会露出欣喜的笑容。随后，教授告诉各位在座的老板们，带团队也是同样的道理，把功劳留给下属，能够在很大程度上激发他们努力工作的热情。

这一点说起来容易，做起来却有点难，毕竟人们容易看到自己的工作成绩，不自觉地夸大自己的贡献。人都是自私的，团队管理者也不例外，有时候他们会习惯性将功劳占为己有，为的是博得老板的欣赏。然而，团队成员会怎么想？如果的确是管理者的功劳，那没问题，但是哪个团队只靠管理者的个人能力？成绩来自于团队的每一个人，管理者将功劳独占，势必会影响下属的情绪，从而产生连带的负面效应，影响到工作效率。

教授是一位足球迷，经常举一些足球方面的案例，比如大名鼎鼎的“魔力鸟”穆里尼奥，这位神奇教头在世界足坛可谓独树一帜，非常有个性，喜欢他的人与骂他的人都很多。

穆里尼奥素有狂人之称，桀骜不驯的性格是他成功的原因之一，但也是他的问题所在。早在皇马期间，就有队员公开表达不满，赢球功劳都是他的，输球责任都是队员的。

另一位名教头佩莱格里尼在接受采访时也谈道穆帅：“当他获得胜利时，他想包揽所有功劳，而我不这样，当我赢得英超冠军时，什么也没说。我和他没有矛盾，他不是我的敌人，我和他没有任何冲突。不过我和他是完全不同类型的人，我没兴趣研究他的个性。”

穆里尼奥带队成绩的确出色，甚至可以用神奇形容，他也完全有资格感到骄傲，然而他的某些做法给团队带来了不和谐因素，也给他的职业生涯埋下了隐患。

最终，穆里尼奥在他最喜欢的球队切尔西再度下课，表面原因是因为球队成绩糟糕，去年的冠军沦落到保级的位置，主要原因则是某些队员出工不出力。在他下课之后，切尔西连赢了几场，其中的奥秘一眼便知。

当外界谴责那些“背叛”穆帅的球员时，魔力鸟也应该好好反省自己的某些做法，你可以将责任都归咎于队员，但是也要学会分享荣誉。如果说责任都是别人的，成就都是自己的，谁愿意为这样的团队效力？所有功劳都是你穆里尼奥一个人的！

换位思考，如果你作为管理者都这么渴望看到自己的工作成绩，这么期待别人承认自己所做的贡献，那么你的下属呢？

每一次你将功劳独占，都是在一点点蚕食自己的团队，你的每一次“贪功”都会让你失去人心，最终只会给自己的工作带来麻烦。

“得民心者得天下”，团队不稳，业绩不保。管理者要明确目标，你要的是团队完成公司下达的目标，还是个人荣誉，难道为了让老板夸两句而牺牲整个团队的利益？

管理者是一个团队的领袖，要学会担当，你为员工承担的责任，你与他们分享的荣誉，员工都会记在心里，他们会更加卖力地工作来回报你。管理者们如果做到这一点，成功自然先人一步。

荣誉留给下属，赞美留给自己，这才是管理者应有的智慧。

北大学堂：高明领导的谦卑艺术

越是高明的领导越懂得谦卑的艺术，他们不与下属争功，看似吃了亏实际上却保证了团队的稳定与团结，最终受益的还是管理者自己。

A. 功劳是团队的，实惠是自己的

当团队完成既定目标，无论谁的功劳更大，都把功劳让给下属，自己则躲到幕后。任何一位明眼的老板都能看出来，团队之所以创造出不错的业绩，都是因为管理有方，而且团队管理者谦卑的态度，不仅会受到员工的喜欢，也会被老板欣赏，相信老板会在适当的时刻给予重奖。实际上，捞到最大实惠的人还是团队管理者。

B. 从不吝惜赞美

领导的赞美能够起到很大的激励作用，每当员工出色完成任务之后，绝不要吝惜你的赞美。你可以严格要求下属，但绝不能只有批评没有赞美。高明的领导者懂得适时赞美员工，从而激发出更高的战斗力与凝聚力。

C. 替员工承担责任

一个有担当的领导是很受欢迎的，出了事躲到一边，将责任全部推卸给下属，这样的领导者在团队中缺乏权威性，很容易失去人心，导致团队分崩离析。所以,当员工出现失误之后,主动站出来承担责任,更容易赢得员工的信任与爱戴。

D. 奖金激励

激励团队最有效的方法莫过于奖金激励,当团队完成目标,公司给予奖励时,管理者不要独占大头,如果有奖金分配制度最好,如果没有,尽可能多给下属一些,毕竟他们的薪水比你要少很多。另外,还可以通过自掏腰包的方式奖励下属,比如请吃饭,带领团队出游等,都会有效激发团队凝聚力,实际上是在帮自己。

图解分析——爱争功领导的种种表现

一个不懂管理的领导,往往喜欢与下属争功,他自以为占了小便宜,实际上却动摇了团队的凝聚力,在未来势必会吃大亏。

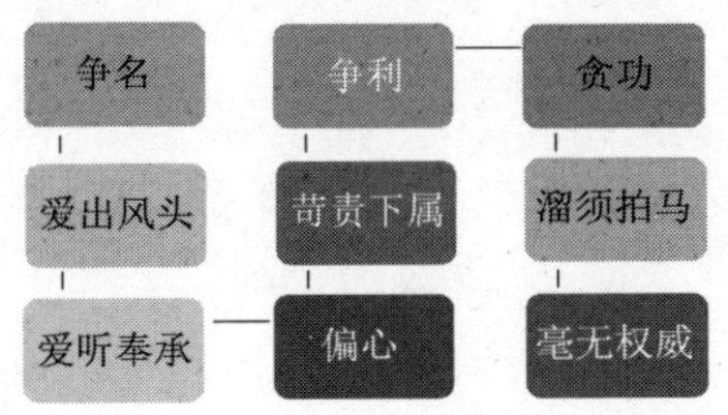

【争名】这类领导徒好虚名,喜欢与下属争名,他们的缺点是将名誉看得他重。

【争利】这类领导将钱看的过重,容易导致奖金分配不均,自己占大头,只给员工很少的部分。

【贪功】贪功的领导往往被人厌恶,他们自己没本事,却喜欢抢占别人的功劳,身处这样的团队之中,有时候只能哑巴吃黄连,这也是导致员工频频离职的主因。

【爱出风头】爱表现的领导有很多,他们希望受到上级的赞赏,却忘了底下的员工同样希望得到赏识。他们常常将风头抢光,从不顾及下属的感受。

【苛责下属】这类人对下属严格要求，甚至到了苛责的地步，对自己却疏于管理，常常导致下属怨声载道。

【溜须拍马】这类人最被员工看不起，他们总喜欢在上级面前拍马屁，对下属却表现得盛气凌人，让人看不起。

【爱听奉承】这类领导跟喜好溜须拍马的属于同一类人，不仅喜欢拍马屁，还喜欢被别人奉承，往往没什么真本事。

【偏心】爱听奉承的领导，都会导致偏心的问题，那些会拍马屁的团队成员势必得到照顾，这样会让其他人产生不良情绪，影响团队稳定性。

【毫无权威】喜欢与下属争功的领导往往毫无权威性，因为他们在下属心中毫无地位。

Part Four

中国好员工：高效能员工的提升训练

怎么带新人，他们才不会走

众所周知，新人的跳槽频率是最高的，其中的原因是多方面的，有个人原因，也有管理者的问题。现在的年轻人已经越来越现实，如果给不了他们想要的，他们一般会毫不犹豫地选择跳槽。其实，他们要的也不多，要么薪水合适，要么能学到东西。因此，对于管理者来说，想要把人才留住，让他们看到广阔的成长空间就够了。

一个杰出的管理者，一定要有挖掘打造新人的能力，而一个优秀的团队，也要为新人提供良好的成长环境。如今，很多成熟的团队是不接纳新人的，因为培训成本太高。然而，客观环境在不断变化，办公室租金、员工薪资等不断上涨，消费环境恶化，让企业主的利润受到很大影响，所以我建议，选用有潜力的新人以降低费用，是一件很划算的事。何况，有些地方还规定，聘用大学生还会给予企业一定的优惠政策。

我这里讲的新人，不局限于刚毕业的大学生，也可以是之前没有同行业经验却在其他方面表现出色的员工。

优秀的团队，杰出的管理者，一定要重视员工效能提升，帮助他们快速成长，对他们个人，对团队来说，都有好处。

北大课堂上，经常会引用世界500强公司的例子，这些知名公司在带新人的问题上，虽然方法各异，但是都非常重视对于新人的培养。

英特尔公司对于新员工的支持力度很大，而且很有人情味。上班第一天，先进行公司常识培训，介绍各部门规章制度，在什么地方可以找到所需要的东西,等等。

之后,管理者会给新员工分配一位“帮手”,新员工不方便问经理时,随时随地可以向“帮手”求助。

微软公司则比较看重技术方面的培训,刚来的新员工,会接受为期一个月的封闭式培训。

IBM公司对于新人的培训力度非常大,被称为“魔鬼训练营”,每个新人都要接受为期三个月的艰苦培训。

西门子则针对新员工设计了一个“导入计划”,以帮助他们尽快适应工作,时间为六个月。

这样的例子还有很多,都说明了一个问题,这些世界级大公司,都非常看重员工培训。

很多管理者担心的是,一旦花重金培养出一个人才,立刻就会跳槽走人,给企业带来很大损失。的确,这是很常见的问题,几乎每个公司都经历过,我也深有同感,无论从企业主的角度还是公司新人的角度,我都有过类似的经历。

在我刚毕业那会,费了很大劲找到一份工作,薪水很低,是在交通部下属的一家海事公司做出纳。我大学念的是财务管理专业,虽然我对这行一点兴趣没有,当时脑子一热就报了。从毕业到现在,我做过很多工作,多到自己都数不清了,我的建议是,一定要找到最感兴趣,并且最擅长的工作,否则你会走很多弯路。

你要走过多少弯路,才会看到你想见的风景?

很不幸,我就绕了很多弯路,没人指点,只能自己碰,我是多么希望能有一个人给我指明道路,有一个团队愿意培养我。可是,这样的好事一直没发生在我身上。

说回来,当初那家海事公司录用了我,我应该感激才是,为什么还是辞职走人了呢?我应该至少为这家公司做个两三年,可我不到一年就跳槽了。

学会了就走人,这是很多新人的想法,也是很多企业主担心的问题。然而,造成这一现象的却不是新人单方面的问题,作为公司,不仅要有相应的培训机制,还要有相应的待遇以及对于新人未来的长远规划。

现在的学生都不傻,要么给钱,要么能学到东西,有利于更快速地成长。我当时之所以跳槽,第一肯定是因为钱,工作快一年了薪水没变,而其他公司已经给我开出了比这里多一倍的工资;第二就是看不到希望,因为是国企下属的公司,一些制度还比较陈旧,对于新人的重视程度不够,没有相应的培训机制,更没有晋升的体制,那些老员工都是熬资历,上级退休了下面的顶上去,这么发展不到四十多岁根本担任不了重要职位。

任何有追求的人,都不会在一家看不到前途的公司待很久,这就是我选择跳槽的主要原因。还有一点也很关键,由于当时做的是出纳工作,国企本来就没什么事,整天就是喝茶看报,就月底忙那么两三天,根本学不到东西。我意识到,如果再这样下去,以后跳槽会越来越难,这么简单的工作是个新人就能做,我出去再找工作一点优势都没有,只能在这里熬着,势必毁了我的前途,所以毅然辞职。

公司任用新人的最大目的可能就是为了省钱,我也是这样,挖那些真正的人才成本太高了,而且他们无法给我带来超额回报。我是生意人,讲的是利益,最好是超额利润。我的公司,我的渠道都已经很成熟,只要是有点经验甚至是新人都能很快上手,我何必花大价钱找人呢?不如建立相应的培训机制,只要脑子不笨,几个星期就能学会并快速融入团队,这样会给我省出不少费用。这也是我喜欢任用新人的原因。

不仅是我个人,在北大上课的那些同学,很多都赞同我的观点,只是他们担心的是留不住人。留人的确是一个问题,最好的办法就是给新人提供符合他们价值的报酬,或者说符合市场价值的报酬。有人说,我用新人就是为了省钱,同样的薪水我就不用他们了。那么,就要用第二种方法,也是我最喜欢的方法——给他们未来。

我不是画饼,现在的孩子都不傻,你许诺了一个美好的未来却无法承诺,他们当时看不明白,过不了几天就能发现,现在的“90后”干活执行力一般,辞职这件事真是雷厉风行,说到做到。可能是家境都不错,不担心下顿饭没着落,说走就走,不留遗憾。这样的事我经历过好几次,公司的事没人交接,很是头痛。也因此,我才开始下定决心建立新人培训体制。

在我的公司,每当新人加入的时候,我都会给他们大致讲一下规划,如果他们有心在这行发展,都能看出机会。我会给出短期规划与长期规划,三年、五年甚至更长一些,只要在我这里做,我保证他们在每一年都能有所进步,达到怎样的高度,掌握怎样的技能,当然,薪资待遇也不会亏待他们。

其实,绕来绕去还是回到钱的问题上,你不能太黑,比市场价低一点就行了,大部分员工已经适应了团队环境,并且工作起来很开心,没必要为了薪水上不大的差距离职。

帮助新人快速成长,说大了是一个团队,一个管理者的责任,说小了是为了自己公司,自己团队的利益。总之,我的建议是,无论你的公司是否聘用新人,都应该建立相应的成长机制。

管理者不能以偏概全,新人都不好使,这没错,但也有很多才华横溢的小家伙,如果错过这些人,绝对是你的损失。

有时候我会找一些大二大三的学生来帮忙,其中不乏能力出众、思维怪异的家伙,他们的作品与众不同,这让我非常欣喜,就如同捡到了宝。这些人很可能毕业后不会留在像我这样的小公司,但是在他们成熟之前,还是有很多价值可挖的。

北大学堂:新人培训方案

关于新人培训,相信很多公司都有自己的培训方案,我介绍一些基础的培训方案:

A. 未 来

当新人加入你的团队之后,最重要的是让他们看到一个清晰的未来,所以千万不要画饼,关于美好蓝图的描述是必不可少的,但关键是有具体落实方案。

【短期计划】

短期目标是很重要的，新人，尤其是刚毕业的大学生，往往看不到那么远，所以蓝图描绘的太长远没有必要，要给他们设定短期目标，最好不要超过三年。精细到每一年能完成哪些方面的提升，再细致点，可以落实到每一季度，让他们看到该计划的可行性。例如：

【一季度计划】

利用一个月时间熟悉业务以及办公室环境；

两个月时间上手并完成第一单任务；

一季度结束之后确保融入团队并实现融洽的人际关系；

【二季度计划】

每周五下午开展新人培训，讲述专业知识；

在老员工带领下洽谈客户；

学会使用 PPT 汇报工作；

……

以此类推，确保每一阶段新人都能有所斩获。

【长期计划】

长期计划没必要做得那么细，管理者可以用老员工作为例子，告诉新人，未来一两年也可以像他们一样，做到什么职位，拿到怎样的薪水。

B. 晋升与待遇

在制订培训方案时，一定不能忘记最重要的一块——利益。管理者需要随时强调新人将会得到什么，告诉他们，这里不需要熬资历，只看能力。如果完成 100 万元的业绩，你就是小组长，拿到多少提成；完成 300 万元业绩，你就是主管，拿到多少提成……以此类推，这是最有效的激励手段。

C. 情 怀

这类新人比较少见,他们是来做事业的,喜欢这份工作并且有远大的抱负,他们信任团队,信任管理者,他们相信在领导者的带领下,未来可以达到一定层次。例如,你在组建公司时,告诉团队成员,未来五年我们要做到1 000万元,未来十年要做到行业前五,甚至在更远的未来,公司要上市。这些都可以作为新人培训方案的内容,信不信就是人家的事了。

图解分析——简化培训流程图

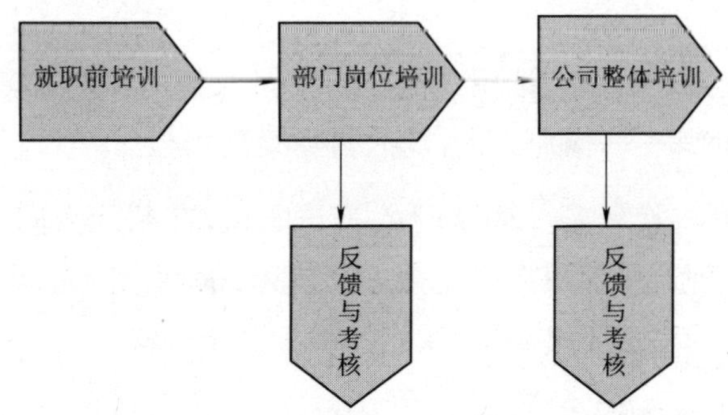

这是一张简化的培训流程图,摘自网络。以这张图为准,简单介绍下:

【就职前培训】

新人入职之前,都要进行简单的培训,包括介绍公司环境、公司业务、人员情况、各种手续以及注意事项等,尽量简化,因为这方面的内容上班之后用不了几天就清楚了。

【部门岗位培训】→【反馈与考核】

有培训就要有相应的考核制度,否则一切都是走走形式。部门岗位培训涉及实质性内容,是每个部门单独的考核内容,考核目标是个人,包括技能、工作方法、业绩指标等,这部分考核的是新人的各项能力,管理者要根据实际情况作出判断,达标的考虑进一步发展,未能达标或者不符合岗位要求的,可以考虑淘汰或重新学习,分配岗位。

【公司整体培训】→【反馈与考核】

公司整体培训指的是全员培训，公司的各项规章制度，着装要求，业绩要求等，考核目标是各个团队，总经理或老板负责反馈与考核，给出针对性意见，及时弥补不足。

增强紧迫感，逼员工离开舒适区

人无压力轻飘飘，这句话用在现在的年轻人身上真的很贴切，如今的孩子都像得了一种病——懒癌，而且病入膏肓无药可救。

这是当年我在接手某些团队时的第一印象，在帮北大同学的公司做咨询的过程中，发现这一现象有增无减。我认为，很大原因是因为他们的公司规模不大，提供的薪资不高，所以找到的员工素质一般。

其实员工的能力不差，现在的小孩都挺机灵，只要培训机制到位，很快就能上手。原因就在于太懒，积极性不高。当然，话说回来，积极性与工资永远是成正比的，但是很多小公司开不出诱人的工资条件，那么就要靠管理者的手段进行有效调剂，其中向员工施压，让团队保持一定压力是非常有效的手段之一。

在北大管理课上，老师提过一个西班牙教授的案例，他叫兰柏瑞，在西班牙IE商学院任职。他24岁就成为了瑞银投资银行的董事，是当时投行中最年轻的董事。兰柏瑞的职业生涯可谓顺风顺水，1984年从波士顿大学毕业，学的是计算机科学专业，毕业之后从事编程员的工作，生活在自己的舒适区里。直到有一天，他的朋友邀请他去做投资，开始了走出舒适区的第一步。

朋友告诉他，要想把别人的钱拿过来，就要从销售做起，一个是电话销售，一个是面对面销售。这样的要求对于一个有点木讷的编程员来说简直太难了，兰柏瑞逼着自己与人交流。电话销售卖的是《百科全书》，直到第八周才卖出了第一本书;面对面销售,直到两个半月才开张。

这样的工作与之前的编程员相比,简直是天壤之别,但是兰柏瑞很清楚,必须走出舒适区,才能成就更好的自己。

兰柏瑞就是通过走出舒适区的方式不断逼自己,让他在24岁的时候,就成为了瑞银投行的董事。之后,他又辞掉了令很多人羡慕不已的工作,开始了创业生涯,成了一家从事客户管理的软件公司,结果赔光了所有积蓄。之后,他从头再来,创办了名为Amazing Lab的创投&私募基金,开始做投资组合。

兰柏瑞说:“并不是每个人都有这种锻炼机会,你需要做的只是每周找一个人聊天,一点一点走出舒适区。”

兰柏瑞就是通过这样的方式一点点逼迫自己,终于让他变得越来越出色。优秀的管理者不仅要学会逼自己走出舒适区,还要学会强迫员工走出舒适区,这样才会让他们更快速地成长。

人在舒适的环境下就容易犯懒,夏天我天一亮就起床,冬天就有点赖床;那些在热带地区居住的人,总是比生活在寒带的人更懒散。可见,环境对一个人的影响很大,在工作中,管理者要学会制造出压力氛围,避免员工陷入个人舒适区,这样才能让团队保持高效运转。

阿坤是我带过的一个做音频的员工,“90后”,很聪明,专业技术没问题,可以说在行业内属于中上游水准。前一阵跟他聊天,听他说又辞职了,这家伙总是来回换工作,一是他这行人才相对短缺,再加上他的水平还不错,所以频繁跳槽;更主要的原因,我猜还是出在他自己身上,这个小孩有点懒,之前的几份工作都在国企,舒服惯了,钱也不少拿,结果要么碰上企业改制要么团队换了领导,要求一下子变高了,而待遇没变,懒散惯了的阿坤觉得很不适应,所以导致频繁换工作。

我问他怎么又换了,他的回答还是老样子:“太忙了。”

我呵呵一下,没有表态。

当初他从我这里走也是同样的原因,我问他为什么辞职,他说:“太累了,压力大。”

我没再说话，直接批了。

在我看来，这样的员工是没必要挽留的，我给的薪水不算低，你拿着我的钱就要干活，混日子是不行的。我这里不是国企，更不是慈善机构，我也要赚钱过日子，要是员工都舒坦了，我就麻烦了。

我问阿坤这一次想去哪，他说易租宝挖了他好几次了，月薪一万三（这件事就发生在易租宝被调查之前不久）。

“还不错嘛。”

“不行，太低了。”

“一万三比我给你的高不少，业内也算不错了。”

“不行，还没我之前那家国企钱多。”

“那你为什么走？”

“你不知道，太累了，公司裁了三个人，剩下的人工作量翻番，压力大了。我跟领导谈，他们让我做主管，给涨点钱。”

“这不挺好，那干嘛还辞职。”

“我要两万五！”

“你这要求不合规矩啊，翻番了，没这么要的。”

“那不管，太累了，压力多大啊！”

“最后怎么样？”

“人家同意给两万二，我说不行，就走了。”

（阿坤这个人说话向来不靠谱，两万二的薪水也是主管级别的了，据我所知，他们之前的领导也就是这个水准，而且从业三十年，经验丰富。我猜，他又是在像往常一样一通乱吹，要么易租宝开出一万三的月薪他怎么也去面试了。）

就在这次聊天之后没几天，我看到阿坤在微信上抱怨易租宝不靠谱，于是打电话问他原委。原来，易租宝开出一万三的月薪，要求每周工作六天，面试的时候讲好的周六算加班,等阿坤在大兴那边租好房子入职之后,发现周六没有加班费,这下阿坤火了,二话没说就走人了。这样的条件,在他看来是无法接受的:“我周六还得踢球呢,好多事呢。”

依我看,无论是之前的国企,以及后面易租宝开出的条件,都已经不错了,现在的公司有几家不加班的,而且音效师有活儿的时候确实挺忙,但没事的时候就是闲着。我猜阿坤之前是闲惯了,突然忙起来有点不适应,导致他频繁换工作。

培训老师经常讲要培养员工的责任心,把公司当成自己的,现在的人有几个傻子,你不给员工股份,没有合理的奖励机制,指望员工卖命?那都是个别老板的一厢情愿罢了,上课那些同学,很多都信现在培训说空话那一套,动不动就找我们这样的公司去做培训,若不是为了生计,我都不愿意接了。培训师在上面瞎讲一通,能有多大用?底下员工认真听的都是那些傻乎乎、呆头呆脑的,剩下的要么装一装,要么玩手机。

培训的意义在于帮助公司制定有效的管理策略,不是或者不只是讲大话,瞎励志,可就是有老板喜欢这一套,这也正是很多培训公司赖以生存的基础。

所以,在我看来,与其一厢情愿地强调责任感,不如来点实际的手段,给员工施压,让他们保持危机感。人在压力之下才能激发出潜能,无论对公司还是对员工个人,都是有益的。

管理者要让员工认识到这一点,你的经理要是不会,还可以找我们嘛,培训师就是干这个的,肯定能够有效激励员工。

通过制造压力,增强紧迫感,让员工达到自我提升的目的,这是两全其美的事,公司受益了,员工学到了知识,增加了收入,双方都合适。只是注意不要制造过大的压力,超过员工承受能力,就会像阿坤那样,把他们逼走。所以,优秀的管理者懂得“丑话说在前面”,只是要把“丑话”表达出正能量,要从正面激励员工,告诉他们压力是为了更好地提升自己。这样一来,立志于自我提升的员工就会激发斗志,而那些“老油条”肯定不吃这一套,他们如果有想法,那就随他们去好了。

北大学堂:员工压力管理

给员工制造压力也是有学问的,不能盲目施压,否则就没人给你干了。况且,现在很多公司给员工的压力都不小,所以管理者要结合自己团队的实际情况进行布置。这里重点谈一下员工压力管理的问题:

在北大上课的同学,不乏大公司的高管,一位来自联想集团的高层管理人员就说过,她有现在的成绩,要特别感谢杨元庆先生。当年她在事业上并没有太多追求,相夫教子,赚钱养家就够了。然而在杨元庆带领下,他给每个人都提出了一个较高的目标,而且在当时看来,这个目标很难达成。

这位女高管有些灰心,但在杨元庆的鼓励与帮助下,通过长时间不懈努力,目标最终实现了,她有生以来第一次感到巨大的成就感。

很快,更高的目标出现了,依然像上次一样,让她觉得难以企及,可每一次在与团队的努力配合下,都成功了,她也是在这样的压力下不断前行与提升,最终做到了今天的位置。

◎ 不断施压。这是最常见的压力管理方式,管理者通过不断施压的方式,推着员工向前跑,根本没有犯懒的机会。

◎ 量身定制。根据每个人能力、意愿的不同,适度适量分配任务。那些渴望成长的员工,多给机会,多给任务,在压力之下他们能够更好地激发潜能;对于某些老员工,或者个人成长意愿不强的员工,没必要给他们太大的压力,容易逼走他们。

◎ 岗位原则。根据员工所处的不同岗位,给予相应的任务与压力。级别越高的人,能够承受的压力越大,成长也会更快;反之,级别较低的人,要遵循循序渐进原则,逐渐加量。

◎ 积极引导。管理者绝不能只是简单的施压,再优秀的员工也会崩溃,要学会根据每个人的承压能力,引导他们进入状态。首先让他们认同压力提升能力的理念,其次当面临强大竞争对手的时候,引导他们将压力变为动力;

◎ 分辨压力源并帮忙疏导。管理者要帮助员工分清压力来源，有些压力在管理者的帮助下是可以化解的，比如人际关系、工作环境；而有些压力则只能依靠员工自己解决，比如工作能力。

图解分析——员工压力疏导图

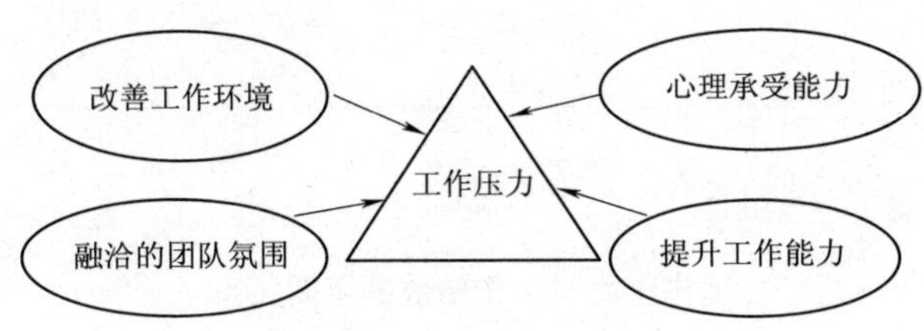

疏导员工压力的四种手段

如上图所示，疏导员工压力可以从四个方面入手：

【改善工作环境】工作环境差会间接导致员工情绪不佳，例如夏季炎热办公室冷风不足，燥热感将会导致员工烦闷情绪，从而影响工作效率。类似问题不容忽视，这也是很多员工在选择公司的时候，将工作环境作为参考标准之一的原因。

【融洽的团队氛围】在团队中，人际关系往往是最难调节的，需要管理者予以重视。一旦团队关系出现不和谐的因素，员工之间矛盾重重，别说高效工作，不惹出点事就算好的。因此，管理者要尽可能塑造出良好和谐的团队氛围，只有在这样的条件下，员工的情绪才会保持平稳，才可能将主要精力投入到工作之中而不是钩心斗角之中。

【提升工作能力】导致员工压力过大的最直接原因还是个人能力问题，有些员工能力较差，就是无法完成业绩，他们会背上沉重的负担。对于这些人，管理者要多帮助，实在不行可以考虑降低任务量或是换岗，甚至是淘汰掉，以免因为拖累团队业绩影响到其他人。

【心理承受能力】心理承受能力也是疏导压力的重要指标，内心不够强大的人往往在重压之下就会崩溃，这就需要管理者及时发现并予以有效疏导。

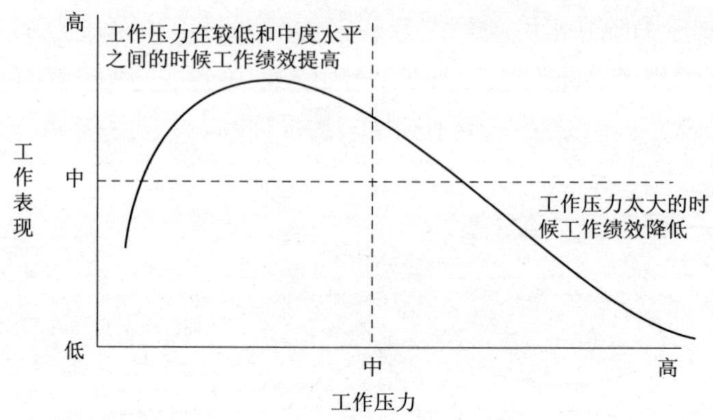

工作压力与工作绩效的短期关系

上图是在某网站看到的一篇名为《论员工的压力管理》的文章，作者胡安安、胡建华老师，在此予以感谢。引用这张图的目的，是为了告诉管理者，员工在工作压力较低或中度水平时，所达到的绩效最高；而压力过大时，则会导致绩效下降。

本文主题是逼员工离开舒适区，但绝不是要把员工逼疯。很多管理者误认为压力越大，绩效越大，他们相信重压之下一定能出业绩，然而该图表已经否定了这一观点。

压力一定要保持在适当的度，这样才能使绩效最大化，盲目施压并不能取得理想的效果。管理者只要让员工保持忙碌，不要让他们形成懒散的习惯，就能够维持团队效率。

重视细节：愿“德国制造”变为“中国制造”

细节决定成败的口号喊了十多年，也是培训师讲课时的重点内容，上到老板，下至员工，每个人似乎都清楚细节的重要性，然而落实起来却并不容易。尤其是基层员工,无论管理者强调多少次,他们在工作中还是会出错。

我认为,关于细节方面的错误不是能力问题,而是态度问题,是责任心的问题。只要仔细一点,大部分错误都可以避免。

在北大上课的间隙,跟同学们也聊过这个问题,那些老板、高管们都很重视,却没有哪个人敢说自己的员工细节意识很强,从不出错。据他们反映,一直比较重视员工细节能力的培养,但是落实很难到位,最多也就是落实到管理层,再往下就不行了。一是没有精力,二是员工自身重视程度不够。

认识决定高度,提升员工细节处理能力,仅靠管理层的重视是不够的,关键在于员工自身,这就需要管理者制定相应的规章制度,让员工落实到位。

员工细节意识不强,管理者就要逼他们重视起来,通过规章制度让他们养成习惯。80%甚至更多的基层员工都存在惰性,光靠嘴上说要养成细节意识,增强责任心是不够的,一定要靠制度。做不好就罚,做得好就赏。

老邓是一家外资电器公司的车间主任,我们是踢球时认识的,他手底下管理着20多名工人。这些工人普遍都是技工出身,素质不高,管理起来很麻烦,尤其不重视细节,怎么说都不上心,一副无所谓的态度。

谈话、批评,苦口婆心说了多少次,他们还是不注意,工作完之后工具随便乱放,迟到早退,作风散漫……这些工人的技术水平都没问题,而且他们认为:"只要把活儿干好了就行,没事别老整没用的。"

由于是外资公司,对细节要求很高,所以老邓身上的压力很大,对付手底下这群人硬的不行,软的不听,似乎无计可施。有一次,因为工作细节处理不好导致差错,老邓跟当事人都受到处罚,扣掉了20%的奖金。没想到,这一次底下的员工急了,本来就不多的薪水被扣掉,这让他们很难接受。

外资公司按照规章制度办事,非常严格,很少顾及情面,那个人最终无法接受导致辞职。这反倒给老邓提了醒，原来工人们最害怕的是罚款。借着这次机会，老邓拟定了一个全新的赏罚制度，目的就是要让车间工人更有责任心，更加注重细节管理。他的提案很快得到了通过，工人们在几天的喧哗之后，也默默接受了。

由于前车之鉴，工人们的态度都认真了不少，毕竟公司说到做到，做不好真罚款，而每月无差错的员工还将得到500元的奖金，这也有效激励了他们的工作能动性。

其实很简单，完活儿之后收好自己的工具，随手检查一遍，也就几分钟的事，不耽误打卡下班。渐渐地，工人们形成了习惯，细节意识也提高了。

有些习惯都是逼出来的，基层员工往往没有那么强的主动性，细节意识也较低，有些人惰性强，能偷懒就偷懒，虽然很少出大错，但是小错不断。

一个团队若想稳健发展，各方面都需要注意，尤其是培养员工责任心、细节意识这一块，这也许不是什么突出技能，却能反映出一个人的责任感，一个团队的稳定性。

对于员工来说，重视细节能力的培养也非常重要，换位思考，如果你是领导，面对一群什么事都无法一次性做好的员工，你会怎么想？今天这里出错，明天那里出错，本来已经很简单的工作都无法一步到位，这样的员工怎能重用？这也堵死了员工自己的晋升之路。

北大管理课上，张教授经常提到一个概念，就是“匠人精神”，经常用德国人、日本人的案例，这让在场的老板非常认可，也是所有老板希望员工能够做到的。

德国人的细节意识是深入骨髓的，凡是打着“德国制造”的标签，就会给人一种靠谱的感觉。一次记者招待会上，一位记者问彼得 · 冯 · 西门子：为什么仅有 8 000 万人口的德国，却拥有 2 300 个世界品牌？

西门子总裁这样回答道：“这靠的是我们德国人的工作态度，是对每个生产技术细节的重视，我们德国的企业员工承担着要生产一流产品的义务，要提供良好售后服务的义务。”

这是一种荣耀,更是细节力的坚实体现。

如果你认为细节不重要,看看“德国制造”这四个字就够了,时至今日,它已经成为一种品牌,一种体现完美细节的品牌影响力。德国人不是在生产产品,而是在做艺术品,他们试图让每一件产品都完美无瑕,不在乎因此耽误多长时间,少赚多少钱。

据说在德国,你永远也看不到有两座一模一样的建筑物。因此人们说,德国建筑师重视的非“眼前利”,而是“身后名”。

如今,德国人的这种精神已经为他们带来了荣耀,更带来了财富,凡是有“德国制造”的标签,就代表了超一流的品质保证,祖辈“浪费”的时间,如今已经数倍还给了自己的子孙。

有时候我觉得很惭愧,中国人有些太聪明了,我们只顾着享受当下,却不考虑未来,自己舒服了才是最重要的。这是一种缺乏责任感的表现,这也是导致我们与世界强国拉开差距的直接原因。

德国人傻吗？宁肯花一天打造一件作品,不愿花一小时生产十件产品。

他们不傻,对于细节的重视不允许他们这样做。这才是真正的细节精神,我们不要只是喊口号,而要落到实处。细节能力,看似简单,德国人却做了几百年,他们的手表,他们的汽车,他们两千多个世界级的品牌,无不体现出细节的魅力。

我们要学的还有很多,从此刻开始,从每一天的工作开始,把细节做到最好,日久天长,我们的产品一定会得到提升。

希望有一天,当我们在海外旅行或者工作,当人们提起“made in China”这几个词时,不再是一脸鄙视与不屑,而是微笑着伸出大拇指。

北大学堂:工作中要注意的 7 个细节

在工作中需要注意的细节就有很多,这里只列出 7 个我认为较为重要的,每个人可以根据自己的情况,制作一份表格,贴在办公桌上,让自己每天都能看到,渐渐地就会养成习惯。

A. 守　时

守时是基本礼仪，但无论在工作中还是生活中，不守时的人大有人在。不要以为打卡之后就没事了，要让守时成为习惯。

B. 穿　着

很多公司是不要求穿职业装的，但不代表你可以不拘小节、邋里邋遢。衣着得体也是对他人的尊重，这些细节体现出一个人的职业素养。

C. 打招呼

很多人抱怨同事之间摩擦不断，人际关系不好搞，实际上却从没有想过自己的问题。大家的工作都很忙，如果没有必要，很可能一天都不会跟同事说一句话。那么每天早上进公司时，你可能会遇见大多数同事，问一声好，至少让大家感到你的善意，还可以打开话匣子。

D. 保持办公桌的整洁有序

凌乱的办公桌看着就让人烦躁，而且会耽误效率。整洁有序是一种习惯，当你需要某样东西时，随手就能找到，节省了时间。养成习惯，会让你的工作更高效。

E. 开会时手机静音

当你在开会、向上司汇报工作时，尽量把手机调成静音状态，即便是工作时间最好也把手机调成振动，不要让手机的声音影响到其他同事。

F. 使用备忘录

好脑子不如烂笔头，工作那么忙，总会忘记一些事。现在办公用的 APP 都很多，也很方便，养成记备忘录的习惯，就不会出现纰漏了。

G. 重要的文件留副本

你曾多少次丢掉重要文件，删错重要文档而白忙活一场？重要的事情说三遍：文件留副本！文件留副本！文件留副本！

图解分析——细节能力养成因素

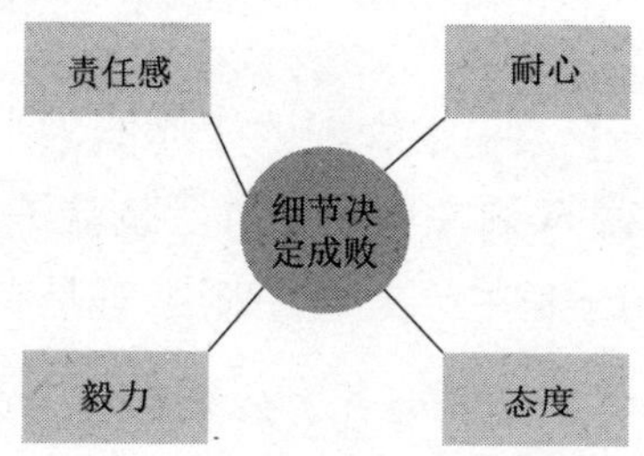

培养细节能力,在我看来四个因素最为重要,分别是:

【责任感】一个没有责任感的员工,很容易忽视细节,在他们眼中,很多小事都可以忽略不计。实际上,这都是缺乏责任感的体现,公司的灯没关,你是不是应该顺手关一下;同事的电脑没关,是否应该帮忙关机?这是细节能力的体现,也是责任感的体现,责任心不强的员工往往会视而不见。

【毅力】细节能力的养成不是一朝一夕的,这是一个长期的过程。德国人用几百年成就了细节精神,如果没有毅力,很难养成真正的细节精神。

【耐心】往远了说要靠毅力,往近了说要靠耐心。没有耐心的人,很难重复去做琐碎的小事,然而正是这些不起眼的小事,成就了真正的细节精神。

【态度】细节决定成败,态度决定细节。细节源自于认真的态度,一丝不苟对待工作的人,往往可以处理好每一个细节。

最大限度激发团队成员潜能

现在的孩子没有特别笨的,很少碰见怎么教都不开窍的那种,所以我认为,没有笨员工,只有不会管理的领导。

一些非技术性岗位，只要有一套实用的培训方案，新人都能很快上手。管理者要做的只是最大限度地激发员工潜能，以业务员为例，他们能完成100万的业绩，就不给50万的目标。

据国外专家研究，一个人平常表现的工作能力水平与经过激励可能达到的工作能力水平存在着50%左右的差异。也就是说，员工身上还有很大的潜能可挖，无论对公司还是对员工个人来说，都是有益的。

北大教授经常将丰田公司激励员工的案例作为管理案例来讲，早在20世纪50年代，日本丰田公司实施了一项被称为“动脑筋创新”的制度，目的就是为了有效开发员工的潜能。

丰田公司通过这种方式，鼓励员工积极提建议，充分调动员工的创造力。“动脑筋创新”建议制度在丰田公司实施仅一年，就征集了183条建议。至20世纪70年代后，每年收集到的建议多达5万余条，大大调动了员工的工作热情，为丰田的发展提供了源源不断的动力。

20世纪90年代初，美国通用电气公司也效仿丰田的做法，展开了名为“开动大家脑筋”的活动，效果很明显，很多平时难以解决的问题，都得到了意想不到的满意答案。

通用电气的“开动大家脑筋”活动给公司带来了明显的效益，时任公司总裁约翰认为，这是一条摸清企业发展脉搏、培养未来人才的最基本的好路子。

激发员工潜能，要求管理者充分了解员工，优劣势、性格特点、语言能力、执行力、责任感等，你对员工了解得越清楚，越容易激发他们的潜能，因为你知道他们擅长什么，也就能够分配相对应的任务。

我曾经带过一个业务员，那会来公司时他刚毕业两年，听说换了十几份工作。小孩倒也实诚，面试的时候和盘托出，说自己就是没长性，找不到方向。我看了他的简介，这十几份工作跑业务的占了一半，剩下的也都是需要与人打交道的。

聊了十分钟，我发现这个小孩很聪明，能说会道，一点不怯场，虽然只有24岁，却显得格外老练。

“你想做什么?”

“啥都成,赚钱就行。”

“根据你的资历,想赚钱业务员最合适,你之前为什么频繁跳槽?”

“不挣钱呗。我卖过手表,卖过衣服,当过服务员,好多呢,都不挣钱。其实我卖东西业绩还不错,就是待不住,我老想跟客户多聊聊,在店里没什么机会。人家来买东西,也就是介绍一下,买就买,不买的就走了。没劲。”

从他身上我看到了自己的影子,当年刚毕业那会,我也曾混了好几年,干过很多行业,找不到喜欢的,更没有擅长的,耽误了。

对了,他叫小王,像他这样的年轻人很多,考大学时不懂,要么随便选了专业要么家里人帮着选的,毕业之后发现既不喜欢也不擅长,找不到工作。哪行能找到工作就先干着,结果进入了一些相对低端的行业。我之前有很多同学是学财务的,学金融的,结果毕业后做什么的都有,还有几个跑到物业、餐厅去做,一干就是很多年,想换行也难了。虽然说他们很努力,有些人做到了物业总监的位置,但也就是每个月一万元出头。再看看那些做金融的,最没出息的也是柜员,年薪 20 万元,厉害的做到了副行长,30 多万元,再大的就是跳出来单干的,弄了信贷公司,听说最近买了 2 000 万元的豪宅……

这就是命运,当然也是能力问题,所谓选择不对努力白费,当初没有选对行业,当然也没有遇见对的人。

不知不觉跟小王聊了一个小时,发现这孩子很机灵,做销售是块好苗子,就决定把他招进公司。也许他自己并没有意识到,如果再继续混下去,就算换一百份工作,也不一定找到自己想做的。

管理者有心培养是不够的,关键是员工要有心做好,所以要让他们认识到自己擅长的领域,激发出他们的潜能。

小王来了之后,不出所料,表现吊儿郎当,虽然学东西很快,但不用心,给人的感觉就像是混日子。让我怀疑,当初频繁换工作的原因,很可能是被公司开除的。

我把他放在业务部，能看出他很有兴趣的样子，但是每次都跟我抱怨，想要出去跑业务。我们这里是有规定的，新人先培训，至少熟悉流程之后再出去跑，可他就是不踏实。

我让主管多些耐心，重点培养一下这个新人。小王学东西的确很快，而且擅长与人交往，别看他整日没正形，但是人际关系不错，同事们对他又爱又恨。

我怕这小子没几天就烦了，跳槽走人，于是破例让他提前出去跑业务。我做培训，让他出去给培训师拉课，听了几场培训师的课之后，他一针见血地指出“忽悠人”。

“你觉得能把人忽悠来吗？”

“没问题！我以前上班的单位都流行这一套，每天早上还有跳舞的呢。”

我没看错，小王果真擅长与人打交道，他先从之前的单位入手，推荐公司老师的课程，第一个月就成了一单。为了激发他的兴趣，我也会给他一些客户资源，这小子还真有两下，没用两个月就成了公司的销售冠军。

他与人交往确实有两下子，首先他的人际交往挺广，对于他这个岁数来说很了不起了；其次他在很多公司干过，人走茶不凉，他依然跟之前的同事尤其是领导保持着联系，互相推荐也成了好几单。

渐渐地，小王越干越起劲，不仅因为业绩好能拿到诱人的奖金，更因为这行接触人多，而且层次比较高，这也是最吸引他的地方。

就这样，我成功塑造了一名优秀的推销员，不过好景不长，这小子太机灵，在我这做了不到两年，就被人挖走了。没办法，人家是大公司，薪水翻了两倍，奖金又高，留不住。他走的时候好一阵感谢，但我知道，这时候是留不住人了，只能祝福他。

讲这个故事的目的，就是告诉管理者，与其高薪挖人，不如从内部开发，很多孩子都有不错的潜能，只是没有放在正确的岗位上，这考验的是管理者的识人用人能力。

如果能将团队成员的潜能开发出来,团队的业绩就将得到保证,员工也会乐于为这样的团队尽全力,直到他们的潜能充分被发掘之前,一般来说是不会轻易跳槽的,这对公司还是员工来说,都是双赢的局面。

北大学堂:激发员工潜能的方法

◎ 重金诱惑。所谓重赏之下必有勇夫,我始终认为,高薪是最佳激励手段。看在钱的面子上,员工会使劲浑身解数,有多大能耐干多大的事。

◎ 成长机会。除了钱,能够激发潜能的就是成长机会了,谁都不傻,给你干活,要么给钱,要么学东西。作为管理者,能给员工提供什么样的条件,帮助他们成为怎样的人,这些都是激发潜能的方法。

◎ 个人目标。帮助员工实现个人目标,管理者不应只关心公司利益,时刻记住,员工利益与公司利益是相辅相成、紧密相连的,帮助员工实现个人目标,也会更好地激发他们的潜能,从而创造出更好的成绩。

◎ 自主性。越是优秀的员工自主性越强,他们渴望独立工作,拥有一定的自主权,独立决策,独立做事,从而激发积极性。

◎ 融洽关系。融洽的人际关系会让员工将全部精力投入到工作之中,管理者要帮助员工尽快融入团队,与每个人搞好关系,当他们全心全意投入工作时,潜能也就会更好地被激发出来。

◎ 送上赞美。虽然老员工已经不吃这一套了,但是赞美对于新人还是很有效的,管理者的鼓励至少可以在短时间激励员工努力工作。

◎ 情感激励。情感激励对于女性员工更为有效,女人天生感性,如果管理者善于沟通,在保持良好关系的同时,从情感方面给予适当的激励,也会激发员工的潜能。

图解分析——六种情感需求

通过神经科学、生物学、进化心理学等领域的研究,专家总结出了人类具有的六种基本的情感需求，分别是：安全感、归属感、荣誉感、成就感、公平感和使命感。管理者要充分了解员工的这些需求，有效激励，就能够在很大程度上激发出他们的潜能。

分析如图：

归属感：管理者要让员工把公司当家，尊重员工，并给予关怀。这样，员工就会转变工作态度，变被动力主动。

安全感：99%的人都是懒惰的，都喜欢安逸的生活。作为管理者，要满足员工在安全感方面的需求，没必要给他们制造太大的压力。

荣誉感：除了金钱之外，很多员工都有更高的追求，荣誉感正是其一。管理者可以通过设立各种奖项、晋升等手段嘉奖员工，能够更好地激发工作热情。

成就感：成就感是每个人都需要的，能够带来喜悦与激情。比尔·盖茨说过："每天醒来，当我想到今天又要给全球的人类生活带来新的变化时，内心就充满了激情和喜悦。"

公平感：每个人都渴望被公平对待，所以管理者尽量做到一视同仁，赏罚分明，满足员工渴望被公平对待的心理需求。

使命感：使命感让员工不断激发出工作激情，在目标的驱使下，他们会一直保持高效工作。因此，优秀的管理者一定会向员工灌输使命感，让他们看到远大的目标。

拒绝拖延：要么改，要么走

拖延症绝对是人类历史上阻止个人进步的恶习，在我看来，它仅次于懒惰。实际上，患有拖延症的人，大部分都是懒惰之人。

在课上,老师讲过一个"未富先懒"的现象,当年美国媒体就曾毫不留情地指出过,一些富二代、"拆二代"有钱之后不思进取。如果说这些人有资本,那么那些离富裕标准还很远的人,也开始变得越来越懒。

这样的现象是社会发展到一定阶段而伴生的,不仅在中国,全世界范围内都广泛存在。这些人被称为——NEET 族,Not in Education, Employment or Training,翻译过来就是:不上学,没有工作,也不接受职业培训的人。

——在英国,这群人的年龄段在 16~18 岁,既不上学也没工作;

——在日本,NEET 族的年龄段在 15~34 岁;

——在美国,叫法不同,被称作"归巢族"——成人后却选择回到父母身边,为了享乐或逃避自谋生路的困难。

看吧,即便是欧美发达国家也有很多懒人,所以说懒惰正在全球化、年轻化,在我看来,主要还是日子太好了。

见过太多工作效率低下的人,多么简单的事他们都能拖上好久,你不催就是交不上来。让小 A 去税务所报税,十分钟的路程,她能耽误一下午,以为开小差办私事去了,结果人家一下午都在税务所,问她干啥了,她也说不上来,"反正一直都特忙!";让阿芬做一个 PPT 下午开会用,到下班她还没弄好……我不催着,他们是真不着急,看来还是太闲了。

为了改变员工工作效率低下的毛病,我加大了每个人的工作量,没活儿也不让他们闲着,谁拖谁就留下加班,反正我每天七八点才下班,要是真有拖延症,每天就跟我一起走。每季度还有末位淘汰,真有病,还治不好,那您就给我走人。

我承认自己不是一个好老板,但也还算好说话,我的好脾气并没有换来员工的回报,反而变本加厉,拖延成疾。我知道工资不高,但奖金不低啊,你有本事完成业绩我从不亏待。

可能是之前公司氛围太和谐,太安逸了,把我这当家了。大家关系和睦没什么不好,但我也得做生意啊,你不努力干活公司靠什么盈利?

拖延症是全世界都在着手解决的问题，无论哪个国家，随便用谷歌搜一下，就有上千本关于如何提高工作效率的图书，而每一年拖延症都是热搜话题，各类图书、APP，各种方法层出不穷，翻来覆去讲个没完。之所以会这样，归根结底就是懒，工作太闲，压力太小。

让员工忙碌起来也有学问，简单地施加压力，布置更多任务，很可能导致员工撂挑子。当我第一次发现员工拖延症严重，一气之下制定了一些列措施，每个人任务量翻倍，每天加班，甚至完不成任务的周末也要来上班。结果，效率并没有提升，反而在两周之后三个人提出离职，其他人也都蠢蠢欲动。

盲目施压是不行的，放手不管更不行，毕竟指望员工自觉自律那是不现实的。他们之所以还在打工而不是自己创业或是为了更好的工作而跳槽，就是因为自身的惰性。的确如朋友老朱所说：这个世界上99％的人都是贪图安逸的。

你不自觉没关系，我来逼你主动起来，优秀的管理者就要推着员工走，逼他们努力工作。这就要求管理者认真考核每一个员工的能力，分析每一个员工的性格以及做事风格，根据每个人的特点量身设定。不用把员工逼疯逼走，只要让他们保持忙碌的状态即可，当他们感到有很多工作要做的时候，就不会陷入无意识的拖延之中了。

另外，对于病入膏肓的拖延症患者，也没必要顾及情面，末位淘汰，该走人走人，谁做公司都不容易，不养大爷。

小红可能是我们公司成立以来招进的最漂亮的女孩子，来自大城市的她天生一股傲劲，跟其他同事有些格格不入，这还不是最要命的，她的工作效率低到让所有人着急的地步，大家为了迁就她，甚至不得不帮她干活。

女人肯定不管了，跟她势不两立的居多，那些小子们都喜欢往她身边凑，帮这帮那，大献殷勤。这也是我一直不忍对她下手的原因，另外她在谈客户方面确实有一套。

刚进公司那阵还算过得去，渐渐地，小红的毛病开始显露出来，拖延症越来越严重,似乎她知道总会有人帮她做。随着了解加深,以及那帮小子发现没什么机会,大家对小红的意见也越来越大,关系很僵。

同事们意见越来越大,我也早就看不惯她了,于是下了最后通牒,尽管她的业绩不是最差的,但是她的效率越来越低,关键是影响其他同事的情绪,我决定跟她摊牌。

没想到心高气傲的小红根本没当回事,我这个老板也挺失败的,没办法,我只能通过增加任务量来逼她。没想到没过一周,人家自己就走了。

如今我的原则就是,要么改,要么走。拖延症不是病,积极点都能改过来,有时候员工就不能惯着。

北大学堂:如何让员工忙碌起来

让员工保持忙碌状态,绝不是增加任务量这么简单。很多专家研究证明,施加过大的压力并不能改变拖延症,相反会让员工产生消极情绪,从而更加难以完成任务。

匹兹堡大学约瑟夫·卡茨商学院教授安德鲁·T·史蒂芬表示:“人们错过最终期限时,通常会感到惭愧。他们非常愧疚,甚至会有些难堪。”这些情绪“会让人变得消极。一旦有人在某项任务上产生了负面情绪,完成任务就会变得更难。”

史蒂芬说道,如果错过最终期限的员工除了未完成的任务之外,还有一些其他工作,“他们便不会变得如此消极。他们会为未按时完成任务寻找借口:‘我还有另外10件事要做呢。’这样可以减轻他们的压力,使他们更容易完成任务。”

这一观点出乎很多人的意料,却是经过实验证明的。所以对于管理者来说,可以通过增加忙碌感让员工提高工作效率,但并非增加实际工作量。

史蒂芬建议:“一种方法是将一个项目分成多个组成部分,分别设定单独的最终期限,使员工感觉他们有10件工作要做,而不是一件。而且,许多人自己也会这么做，因为这会使一个任务看起来更易于管理。”

让员工“忙碌”起来能够有效降低拖延症，然而这种方法因人而异，单纯地加大工作量并不能解决问题，反而会让真正的拖延症患者更加焦虑，导致工作出错。

图解分析——与拖延症“say goodbye”

1. 你希望如何度过自己的一天？

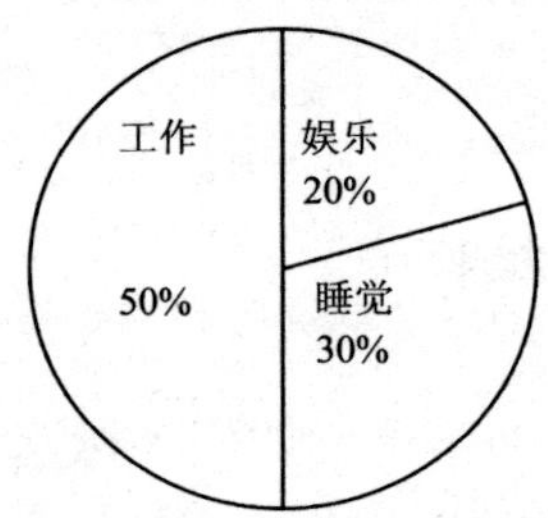

2. 根据状态决定工作时间

状态好的时候多做一些，哪怕工作 12 个小时也不会累；

状态不好的时候不妨多休息，按时下班早点回家。

3. 专注，一次只做一件事。多任务并不会助你改变拖延症，反而会拖慢进度

4. 从小目标开始，逐渐进入高效工作的状态

处理小任务，逐渐进入工作状态

发送邮件	制作 PPT	洽谈客户

5. Facebook 公司的标语,扎克伯格创业之初就将它们贴在办公室,作为激励员工的行动准则

> Done is better than perfect
>
> 比完美更重要的是完成
>
> ——facebook company motto

6. 你要记住:工作时间与工作效率是不成正比的!

> 工作时间长
>
> ≠
>
> 工作效率高

7. 从来没有两个任务会有相同的优先级,总有一件更重要,因此你需要一份待办事项清单

> - [x] 约谈客户
> - [ ] 开晨会
> - [ ] 发邮件
> - [ ] 整理文件
>
> 记住,总有一件事更重要!

8. 休息,休息一下吧

适当休息 Take breaks Sometimes

时间管理:有效工作时间最大化

这是很多商学院 MBA 课程上都会讲到的案例,我在北大上课时也听过,教授让我们评估以下三个公司的前景:

A. 8 点上班,迟到罚款,统一制服佩戴胸卡,每年全公司 1～4 次旅游,组织各种竞赛活动;

B. 9 点上班,不考勤,自行设计办公室,上班时间甚至可以理发、游泳;

C. 想来就来,上班时间自由,甚至可以带宠物来公司。

教授让学员分析哪个公司的前景最好?结果大部分人选择了 A。

教授公布答案,所有人瞠目结舌,A 公司是倒闭的金正集团,B 公司是微软,C 公司是谷歌。

Buffer 创始人之一里奥·韦德瑞奇说:“在为团队寻找合适的员工时,我们欣赏的往往是那些能打破八小时工作制的人。”

很多管理者都面临同样的问题,员工的工作时间不短,甚至天天加班,但就是不出活儿。员工有效工作时间太短,导致工作效率低下,这是职场存在已久的问题,不仅困扰着管理者,也困扰着员工自身。

很多公司都是以员工完成的业务量作为考核标准，一天的工作量如果你能半天做完，那么就可以回家歇着；反之，做不完您就留下来加班。

这就要求员工具备高效工作的能力，将有效工作时间最大化，在有限的时间内尽可能多地完成任务，相应地，也会得到更多奖金。

还有一部分员工，在有效工作时间的理解上存在歧义，认为打卡进公司的那一刻就开始了，所以他们只会抱怨工作时间长，经常加班，却看不到自己的工作效率。

什么叫“有效工作时间”，您得出活儿！一个文案，你在办公室坐一天，什么也没写出来，你说自己一直在思考，这不算！

我不管你是否想得脑袋都要炸了，你在这坐了一天，一个字没写出来，这就是没效率，不算有效工作时间。

如果员工都这样，老板是不是很亏？

老板要的是结果，你每天只工作四个小时，能完成既定的任务量，也是好样的，这才算有效工作时间。

一般来说，员工的工作时间是 8 小时，而据我观察，有效工作时间不足 6 小时。9 点上班之后先沏茶，收拾桌子，边吃早餐边浏览新闻，然后再聊几句闲话，半小时就过去了。开始工作，等到真正进入工作状态又需要半小时。

午饭之后开始犯困，是一天中效率最低的时刻，浑浑噩噩半小时又过去了。一个半小时就被浪费了，工作期间各种琐事、走神、玩手机，又耗去了半小时。

就这样只剩下 6 小时，能否高效投入工作还不好说，有些人在办公室待了一天什么也没干出来，他们的有效工作时间为零。

员工效率这么差，还抱怨老板逼你们加班？国企可能都没这么闲了，要不你们都去当公务员吧。

好在现在的员工都很自觉，想要努力工作，每天也真的很忙：

◎ 电话响个没完

◎ 会议开个不停

◎ 备忘琐事不断

忙忙忙≠盲盲盲

都是瞎忙，不出活儿！自己累得够呛，身心俱疲，到头来业绩没有一点起色，还埋怨工资低福利差。

奖金制度摆在那里，有本事你拿啊！人家优秀员工怎么每个月都比你们多几千块钱，这叫本事，在有效的时间内创造更多的业绩。

既然忙，就要有结果！对公司对个人来说都有好处。做到这一点，就要学会时间管理，最起码要改掉拖延症。

由于做事没条理，无计划，造成员工大部分工作时间都是毫无效率的；一旦患上拖延症，一件小事也会拖上半天，如果没人催就不去做。

这么多年，见过无数“拖延症患者”，这些人一点都不笨，就是工作效率低，干活慢。他们看上去都挺忙，就是不知道在做什么。

小美就是其中之一，小姑娘是山西人，当初看她长相不错，声音甜美，虽然没有工作经验，也录用了她。前台工作很简单，就是琐事多，之后主管给她分配了新的任务，想让她多学习一些知识，小美本人也有这样的意愿，而且对于网站后台管理略知一二，就让她负责网站维护以及网上咨询工作。

有一段时间没有饭局，所以我从公司走得比较晚，每次都看到小美在加班，而且几乎都是最后一个下班的。我开始很欣慰，认为这个小姑娘很努力，于是观察了一段时间。发现她在上班时间总是瞎忙，有说有笑，打打电话，吃点零食，结果到了五点半左右便开始忙活起来，电脑噼里啪啦打的飞快，电话也是一个接一个，比我的业务还忙。

原来小姑娘有拖延症，什么事非得到快下班了，看到其他人陆续走了才开始着急。其实她的效率并不低，五点半开始忙活，六点半就差不多了，然后收尾，七点基本可以走人了。

拖延症患者有些根本意识不到,有些意识到了改变不了。无论是哪一种,都得治!管理者要认真分析团队中每个人的性格、做事方式、工作效率,然后为那些效率低的员工制订出具体解决方案。

如今人们对拖延症的危害已经有了清晰的认识,各种各样的治疗方法都有,很容易找到适合自己的处理方式。

作为管理者,首要任务就是让员工提升工作效率,保证他们的有效工作时间。这年头有的是机会,有的是任务,有的是钱,想赚钱不难,勤快点就行了。别懒着,动起来。

北大学堂:常用时间管理方法

时间管理的方法有很多,简单介绍一些最常用的方法,员工可以根据个人需要进行选择:

A. 番茄工作法

番茄工作法由弗朗西斯科·西里洛于 1992 年创立,使用番茄工作法能够提高工作效率,节省时间。具体方法:

◎ 每天早上将今天必须完成的任务记录在手机 APP 中;

◎ 设定时间提醒,25 分钟;

◎ 开始做第一件事,直到番茄钟响铃或提醒;

◎ 25 分钟到,停止工作并在列表里该项任务后画个×;

◎ 休息几分钟;

◎ 开始下一个番茄钟,一直循环下去,直到完成该任务;

◎ 每四个番茄钟后,休息 25 分钟;

◎ 在某个番茄钟的过程里,如果有急事需要处理——

■ 非做不可的情况,作废该任务,等待重新开始;

■ 不是很急的话，在列表里该项任务后面标记一个逗号（表示打扰），并将这件事记在另一个列表里，然后接着完成这个番茄钟。

B. 四象限法则

四象限法则是由管理学家科维提出的，把工作按照重要和紧急两个不同的程度划分为四个“象限”：

◎ 既紧急又重要

◎ 重要但不紧急

◎ 紧急但不重要

◎ 既不紧急也不重要

C. Smart 法则

Smart 法则是一套目标管理法则，诞生于 20 世纪 70 年代，由一位美国人总结得出。SMART 方法由五个英文字母构成：

Specific（具体的）：指目标一定要明确，不能模糊；

Measurable（可衡量的）：制定的目标一定是可以度量的；

Attainable（可实现的）：一个目标必须是可以实现的；

Relevant（相关的）：目标必须是以结果为导向的；

Time-based（有时限的）：目标必须具有明确的截止期限。

D. 时间管理 4D 法则

高效能人士最喜欢采用的 4D 时间管理法则：

1. 丢掉（don't do it）：与目标无关的全部丢掉；

2. 搁置（Delay it）：把非核心工作暂时搁置；

3. 委派（Delegate it）：学会授权，能委派的工作尽量交给别人去做；

4. 立刻执行(DO it now):不要犹豫马上去做。

图解分析——四象限工作法

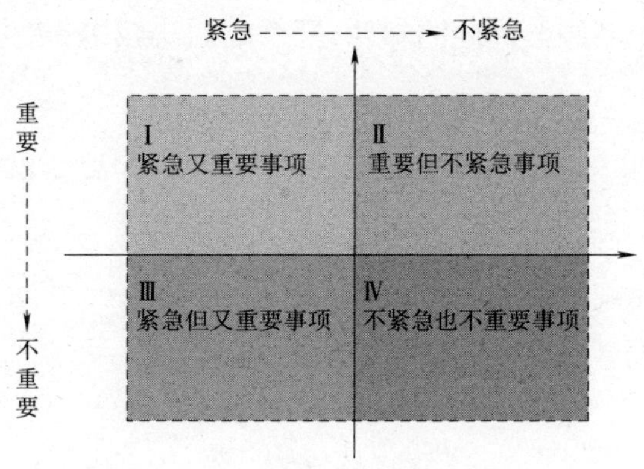

四象限工作法

如上图所示,将每天需要处理的任务按照重要程度划分为四块。

紧急且重要的事	重要但不紧急的事
老板的直接命令; 公司的电话会议; 急需签字的文件; ……	下周要用的PPT; 团队业绩总结; 潜在客户约谈; ……
紧急但不重要的事	**不紧急也不重要**
回复客户邮件; 某些临时会议; 需要马上处理的事情; ……	整理文档; 收拾办公桌; 帮同事处理琐事; ……

将事项内容填表

如上图所示,将具体事件填入表格之中。

最重要的事列在第一栏,需要你第一时间处理的任务,如老板的直接命令、公司的电话会议、等待签字的文件等;

重要但不紧急的事项列在第二栏，这些事件一定不能忘，但是没有那么着急，比如下周才会用到PPT，团队业绩总结等；

紧急但不重要的事项列在第三栏，有些事情需要及时处理，但并不重要，比如回复客户某些咨询性的邮件，开个临时会议等，等你腾出时间处理一下即可；

不紧急也不重要的事，这些事列在最后一栏，别忘了就行，忘了也没什么大碍。

Part Five

管理者如何做出正确决策

目标可见：看得见，完得成

在各个商学院的管理课上，几乎都会提到有关目标的案例，北大教授一再强调的就是目标的可实现性，也就是说，在制定目标的时候，一定要符合SMART原则。

SMART原则，是一项很著名的目标管理法则，最早由管理大师彼得·德鲁克在《管理实践》一书中提出，具体包括五项原则：

➢ 有时限的(Time-bound)

➢ 具体的(Specific)

➢ 有相关性的(Relevant)

➢ 现实可以达到的(Attainable)

➢ 可以衡量的(Measurable)

接下来，教授讲了一个故事：

曾经有三组人，分别向十公里外的三个村庄前进。

第一组的人不知道村庄名字，不知道路程远近，只被告知跟着向导走即可；

第二组的人知道村庄名字，知道路程多远，但是路边没有里程碑，无法衡量；

第三组的人知道村庄名字，知道路程远近，同时每走一公里都会看到里程碑。

根据上述信息判断，你觉得哪一组最先到达目的地？

第三组！

因为第三组的人有明确的目标，知道总体路程，而且还清楚距离目的地有多远，可以调整前进速度。他们的目标完全遵循SMART法则，目标清晰、可衡量、可实现，所以很容易面对行程中的困难，并战胜它们，迅速到达目的地。

作为团队管理者，无论是老板、总经理还是部门主管，设定可行性的目标非常重要，这是一名管理者靠谱的表现。如今这个社会就不缺吹牛的人，“今年你们必须给我完成3 000万元的利润！否则都给我……”今年的业绩才两百万元，你让员工去哪儿找剩下的2 800万元利润？

如果目标设定总是不靠谱，甚至太离谱，管理者就会失去公信力，导致员工因目标过高失去工作热情，因为目标完不成就拿不到奖金。有追求的员工就会跳槽，剩下的就是混日子的，这样的团队成绩不会太好。

那些来北大商学院的同学，很多人都犯过这样的错误——贪大。尤其是那些公司规模不大，只有几个人的小团队，老板一拍脑袋就是一个目标，一年下来能出来三五十个目标，没几个能实现的。

老桐就是这样，他是做食品的，公司就几个人，朝令夕改，政策天天变，目标一次比一次不靠谱。上课的时候，他逮着谁都一通问，看谁家的管理方法好回去就改，员工都听烦了，完全不当一回事。

就拿找促销员这件事来说，当时行业的平均工资大概在3 000元，他只给1 800元的保底，用高提成忽悠促销员，“只要你们能完成××万元的业绩，就能月薪上万”。如此不靠谱的目标，稍微有经验的促销员根本不搭理他，只能忽悠一些没经验的学生。时间久了，等人家明白了，就都跳槽走人了。

所谓可行性目标，要根据公司状况，市场行情等综合因素制定，而不是管理者的一厢情愿。带团队，目标激励是很重要的，当你的薪水没有优势的情况下，想要留住人才，就让要大家看到一个可以实现的目标，如果这个目标符合大家的心理预期，团队成员才会共同努力实现该目标。

大王是我们哥们，最早是从百度出来的，现在做风投，前段时间做互联网金融，他是股东之一，但是半年之后发现市场情况变坏，而且大股东的目标越来越不靠谱，于是很聪明地撤资走人，另投其他项目。

前段时间他看上了高端搬家这块，于是跟别人合伙，投了一个公司，好像叫“你搬吗”，现在做的还不错，那会听他说在北京只有六家公司在做这块，市场前景很不错。

公司很快组建起来，招人是个问题，起步阶段没什么钱，请不起太多人。他们给搬运工的薪水大概在每月四五千元，与快递员相比并不算高，但是工作并不轻松，都是体力活儿。

之所以能很快找到人，不仅包括搬运工，还有其他工作人员。这些人的资历都不错，在之前的单位薪水都比这里高，他们为什么会放弃之前还算不错的待遇而来到一家初创公司？

希望。

包括大王在内的管理层，给员工描绘了一番很不错的市场前景，让他们看到了希望，而这个目标的可行性是相当高的。

高端搬家这一块费用是很高的，所以利润也大，而且市场空缺，未来具有很大的发展空间。至于员工个人，以搬运工来说，现在工资虽然不高，但是活儿相对较少，而一旦公司规模扩大，活儿越来越多，那么相应的提成也就高了。

员工都不傻，这些目标不是管理层吹牛，而是清晰可见的，是遵循市场发展规律的，大家正是看到了这一点，所以才选择加入。据说，他们的公司最近拿到了风投，一切都在向好的方向发展。

北大学堂:团队目标设定

管理者绝不能忽视制定团队目标的重要性,优秀员工并不是来你这里混日子的,所以你要让他们看到希望,让整个团队看到希望,这样才能有效激发员工。制定可行性高的团队目标,可以遵循以下几个步骤:

A. 目标要符合员工心理期望

员工希望涨工资,就不要老强调个人提升;员工希望快速晋升,就不要描述未来发展宏图。总之,你给团队设定的目标,一定要符合员工的心理期望。

B. 目标难度适中

目标要具备可实行性,不能太低也不能太高,太低的目标无法激发员工的热情,心理学研究证明,人在困难的情况下更容易激发潜能,从而完成目标。而过于简单的目标,毫无挑战性,激励价值不高;相反,目标难度太大,让员工无法接受,也会直接打消积极性。所以,管理者要根据团队成员的能力,制定难度适中的目标。

C. 目标清晰匹配执行步骤

清晰的目标一定要配合具体的可执行步骤,只有让员工看到具体执行方案,他们才能清楚地了解目标实现的难易程度,具体完成时间等,了解的越多就会越有信心。

D. 目标落实到个人

虽说讲的是团队目标,但最终都要落实到每个人身上,这也是团队成员最关心的问题。管理者不仅要给出团队目标,还要根据每个人的特点制定更为详细的个人目标,以帮助员工更好地成长。

E. 及时总结调整目标

制定目标都带有一定的预测性,没有人可以确保目标的顺利完成,所以管理者要根据具体情况进行调整。如果之前过于保守，目标过低，那么就相应地提高目标，这种情况影响不大，还会激发员工斗志；如果目标太高导致无法完成，就要调低目标，同时让员工接受现实，做好安抚工作，确保员工情绪平稳。

图解分析：SMART 原则目标设定表

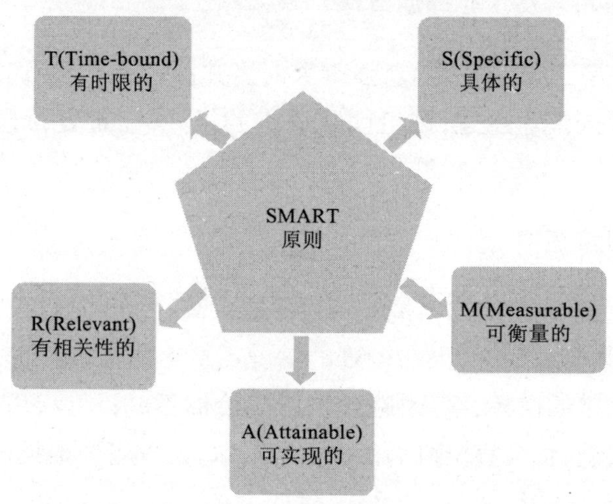

SMART 原则目标设定表

如上图所示，这是 SMART 原则目标设定表，在制定团队目标时可以采用。例如，我制定的目标是本月销售总额达到 100 000 元。

Specific(具体的)，目标要具体，比如这个月我给销售部制定的任务就是，为三位培训师推销课程，每节课不能低于 12 800 元。

Measurable(可衡量的)，目标要可衡量，不能张嘴就来。我给销售部的任务是根据上个月业绩而定的，上个月总共确定了两位老师的课程，一位待定，每节课不低于 10 000 元。在此基础之上，激励员工更进一步。

Realistic(现实的)，指的是目标的可完成性，虽然我这个月的目标略高于上个月，但还是可以实现的，因为往年同期有数据可查。

Realistic(相关的)，相关性指的是目标要与团队任务有一定的关联，比如业绩目标，这就是相关目标；比如人员培训，这就是不相关的。

Time-bound（时限性），目标不能无限期拖延，要有时间限定。这个月销售额十万元，那么时限性就是 30 天。

内部会议了解最新信息

作为管理者，要谨防公司中的“小圈子”文化。但管理者为了及时掌控团队最新情况，了解员工的真实想法，却需要在各个部门“安插”自己人，并定期举行内部会议了解情况。

管理者只有对团队内部情况了如指掌，才能做出正确的判断与决策，所以“安插”亲信这一招很有必要。这是为了全面掌控真实的、第一手的信息。

管理者凭什么带好队伍？凭什么做出正确判断？懂得多，见得多，听得多。丰富的信息是做出准确判断的基础，你需要在各个部门“安插”自己人，然后不定期地从他们那里得到反馈信息。

需要注意的是，这种会议不能是公开的，要有一定私密性，比如下班后联系几个人出去吃饭，不仅可以沟通感情，也可以了解信息。

我在做总经理的时候便经常采用这样的方法，效果不错，帮我做出正确决策起到了很大作用。那会儿我被挖到一家公司做总经理，当时年纪不大，经验一般，但是那次机会难得，薪水跟职位都不错，很有挑战，也就答应下来。有点儿像彼得定律，讲的是“在一个等级制度中，每个职工趋向于上升到他所不能胜任的地位”。总之，我也是边做边学，努力完成好本职工作。

由于手底下要管理几个部门、几十号人，管理经验还不是很丰富，为了确保做出准确的决策，让员工信服，我必须掌握更多信息，所以我一方面避免团队出现“小圈子”文化，一方面又着手组建我自己的小圈子，安插自己人。

很快，我在财务部、人事部、销售部等重要部门物色到合适人选，有些是之前跳槽带过来的，这部分人比较靠谱，由于共事多年都信得过；有些是后期培养的，人数较少；还有一些是新招的，从这里选稳妥一些。

为了稳妥起见，我没有将这些人聚在一起，而是根据性格、彼此关系分成两组，这样既可以得到不一样的信息源，同时他们之间也更容易聊得来。

小A、小S、小D等分成一组，这几个人性格活泼开朗，喜欢玩，所以带他们出去的机会多一些，没事就去聚个餐，周末有空的时候去郊区转一圈散散心，顺便缓解压力。他们里面做销售的多，压力不小，而销售部是公司的重中之重，他们的意见非常重要。当然，这些都是要避开销售总监Jack的，他资历高，比我在公司时间要长得多，在我手底下很不服气，为了防止他有所动作，我必须及时掌控全面的信息。

吴科、小猴、婉儿等人都来自财务、人事、行政等部门，这里男孩居多，但是性格比较腼腆，喜欢安静。其实我更喜欢这一组，因为跟我的性格比较接近。平时除了吃饭，偶尔还一起逛逛书店，参加一些文化活动。

我建立两个小组的初衷是为了获取信息，但是没有表现得很明显，因为都是年轻人，我的岁数比他们大不了多少，所以最初是以兴趣为基础凑在一起的。而这个小组建成以后，我从没有明确说过，只是偶尔从侧面打探消息，直到时间久了，大家彼此信任了，才形成真正的信息交流。

建立这样的圈子并不容易，如果没有得到完全的信任，很容易走漏风声，到时各部门总监一起找我来闹，我估计只能卷铺盖走人了。还好我只是信息收集者，很少给出指导意见，也很少干涉各部门的政策。除非是重大事件或存在直接利益关系的，我一般都不干涉，更不会出卖自己人。当然，对于小组中的这些人，除了平时的吃饭玩乐，在公司也会得到一定的关照。

自从这种小组会议稳定下来，我所掌握的信息量比之前大了很多，非常有效。当然，这里面少不了八卦以及闲言碎语，只需要过滤掉即可，不用当真。

这些信息为我做出正确决策起到了关键性作用,举例来说,有一次我听说财务总监跟销售总监闹矛盾,而财务总监梅琳似乎受了委屈,感觉随时可能闹离职。当时公司正忙,经不起这样的变动,我便找机会将这两个人弄到一起说事。梅琳的脸色明显不对,两个人互不搭理。

看来传言是真的,我只好硬拉着两个人出去吃饭。唉！那顿没少破费。期间不谈工作,有一句没一句闲扯,但其实我已经打听出闹矛盾的原因,所以尽可能往那件事靠。

酒过三巡,不胜酒力的梅琳情绪明显激动起来,开始聊起工作中的事,Jack 还算有风度,处处相让。我装作不知道,认真听完之后开始劝他们,其实我早就想好了解决方法,Jack 让一步,一切都解决了。反正,最后绕了一大圈,终于把这件事扯清楚了。

通过“安插”在各部门的亲信,并不定期组织内部会议,为我掌控全局提供了非常有利的帮助,以至于在很多事情上能够做出准确判断与决策,并能在一些事态恶化之前便控制住局势。

北大学堂:如何选择亲信

选人是管理者的基本能力之一,如何挑选自己人很重要,考验着管理者的能力。有几点经验可供参考:

A. 任用旧部下

以前的老部下是最靠谱的,绝大多数管理者在跳槽之后都会带来几个老部下,一是因为合作多年,二是因为彼此信任,放心。在选择亲信时,这类人是首选。

B. 培养新人

这里的新人有两种,第一,刚刚毕业的学生,他们初入社会,懵懂无知,出于可塑造时期,更容易带;第二,新加入公司的员工,这些人虽然有一定社会经验,但是对于公司情况不熟悉,不用担心他们是某位领导的亲信,也是可以培养的。

C. 找底细“干净”的

除了旧部下与挖新人之外，只能从公司现有员工挖掘，这是非常考验眼力的时候，如果选错了，挖到了其他部门领导的亲信，就会埋下一颗定时炸弹，将来的矛盾肯定少不了。这就要求管理者必须清楚了解每个人的底细，选那些与其他部门领导没有任何瓜葛的人。最好是为人低调，事少，不爱传闲话的。当然，这类人一般也不会轻易加入某些小圈子。

D. 寻找性格、志趣相投者

性格、志趣相投的人更容易成为朋友，管理者要放低姿态，以朋友的身份介入，一般下属都会有戒心，但偶尔也有那种“合拍”的，只要聊得来，他们更愿意坦诚相待。

图解分析——亲信管理

挖人	从其他部门“抢人”，费经力，花时间，成功率低
选人	根据公司具体情况选择亲信，方法参考“北大课堂”内容
育人	亲信需要长期培植，关系维护不能间断
管人	管理亲信，既不能放任不管，也不能管理过严，适度最重要

不识大局的管理者难谋大事

北大管理课上，老师经常提到大局意识，最常引用的就是“周瑜打黄盖”的典故。赤壁之战时，周瑜为了让曹操上当，跟黄盖一起上演了一出苦肉计。在一次军事会议上，黄盖假装与周瑜意见不和，甚至出言不逊，周瑜大怒，下令将黄盖斩首，众将赶紧求情，一旁的鲁肃也替黄盖求情，还暗示诸葛亮帮忙求情，但是诸葛亮却无动于衷。

在众将求情下，终于改死刑为杖刑，结果黄盖被打得皮开肉绽。事后，鲁肃找到诸葛亮，质问他为何不帮忙求情，诸葛亮告诉他，这是苦肉计，自己早就看出来了，并再三叮嘱鲁肃，回去千万不要告诉周瑜真相，这是为大局着想。

这件事没能瞒过诸葛亮，却把曹操骗了，他准备收留前来诈降的黄盖，结果黄盖顺势将曹操的大军打得溃不成军。

诸葛亮以大局为重，看破不说破，体现了他的大局意识。管理者要识大局，这是基本能力之一。作为团队管理者，凡事从大局考虑是第一位的，把团队的整体利益放在第一位，有时候需要牺牲个人利益。

从大局出发做决策，谁都懂，谁都会说，但不一定谁都能做到，尤其是要触及自身利益的情况下。我带过很多总经理、部门主管，谁都知道要以大局为重，以公司、团队的利益为重，但当威胁到个人利益时，他们的大局观就没影了，决策也是更多地考虑到个人利益。

Jones是某五星级酒店销售部主管，负责酒店公寓的租赁业务。个人工作能力挺强，业绩很出色，所以爬升得很快，不过他没有带团队的经验，管理上总是出错，底下人对他也颇有微词。

Jones以强硬著称，他给销售部定的目标很高，虽然员工压力很大，而且流失速度快，但是总能完成业绩，上级对他还是很满意的。但是团队成员对他的意见很大，不仅是因为工作压力大，主要是Jones这个人情商不高，不懂维系与员工的关系，用人朝前，不用人朝后，所以很多人的离职都跟他有关系。

上面也知道这种情况，但是不影响公司利益，也就没人在意，这也让Jones更加肆无忌惮。导致公司对他不满，并最终让他走人的是因为一次决策。

随着酒店进入淡季，空房率居高不下，高层不断施压，Jones更是疯狂向销售部施压，甚至制定了之前从没有过的末位淘汰制度。

一天，市场部的Cindy找到他，说有一个旅行社带了一群美国人过来，要以比较低的折扣拿几十间房。Cindy认为虽然价格低，但是现在是淡季，房间闲着也是闲着，不如签了这笔单子。

如果签了，抛去市场部的奖金，Jones的销售部基本拿不到提成，所以他很不情愿，而当时他个人谈好了大约十几间房，底下的员工也谈了几间，但与欧美团相比还差很远。考虑到个人利益，Jones没有向上级汇报，而是私自做主没有接这个旅行团。

这件事导致市场部Cindy与他交恶，后来消息传到了上级领导那里，酒店的空房率很高，给酒店带来了不小的经济损失，更主要的是Jones违反规定，没有向上级汇报，以个人利益为重，忽视公司利益。而且，销售部成员对他早就有诸多不满，几件事加起来，让领导层决定处罚Jones，降薪降职。实际上他还是销售部主管，只不过又给他配了一个主管，他渐渐没了实权。没过多久，Jones就自己走人了。

作为一名管理者，做决策一定要以大局出发，以公司的利益为重，这也是最基本的。如果管理者都做不到这一点，怎么指望手底下的员工做到？如果每个人都为自己的利益考虑，公司还怎么运营？

从大局出发考虑问题其实一点都不难，这是一种习惯。我在京广中心那会，Vincent是当时的物业部经理，他做人做事都很周到，为人随和，与底下员工的关系也不错。在处理问题，做决策时，都会征询员工的意见，权衡之后总是能给出大家都满意的方案。

后来成为领导我才意识到，要做到这一点是需要牺牲个人利益的。回顾Vincent的很多决策，表面上看他都吃了不少亏。比如当时的奖金分配政策不完善，虽然有规定，但很多地方容易引起矛盾，每一次他为了息事宁人，都肯自己少拿点，多给员工一些。他很轻松地表示："拿着吧，我的工资比你们高多了。"

Vincent看似吃了亏，但是得到了下属的拥护，团队因此很稳定。而另外一位张经理显然就做得不够,他是销售部经理,可能是因为他们提成高的缘故,在很多事的处理上欠妥,表面是以团队利益为重,但是结果都是他个人占了便宜。久而久之,下属都对他有点意见。遇见情商不高的毕业生,耍脾气跟他对着干,我们就在一边看热闹,没人帮他。所以说,管理者要以大局为重,有时候牺牲个人利益,反而会让你得到更多。

北大学堂:管理者如何培养大局观

A. 从宏观角度看问题

从宏观面看问题,看得更远更全面,这是一种能力,需要一定的阅历与积累。管理者不要局限于眼前,多角度全方位看问题,不仅要看到当下,更要看到未来,看到五年、十年以后的发展,还需要一定的预见性,这样才有利于大局观的养成。

B. 牺牲个人利益

有时候我们没有能力看那么远,也无法做出准确的预测,这种情况下,你可以试着牺牲个人利益,维护团队以及公司的利益。虽然你不确定是对是错,但是从长远来看,你并没有吃亏,反而会占便宜。从另一方面来看,你的大局观也会在牺牲个人利益的情况下被动形成。

C. 个人深度:经验与能力

一个人的深度,包括经验与能力,经验越丰富,能力越强的人,大局观越好。你做领导的年头越多,管理经验越丰富,在很多事情上处理起来也越得心应手。因为之前遇到过同样的情况,所以你知道如何处理,于是更懂得从大局入手的重要性。

D. 多看多听多学多思考

没有经验,就只能学习,从书上、网上、酒桌上等,都是学习的地方,看看别人是怎么处理的，然后独立思考，也是增进大局观的方法。

E. 做决策时分清轻重缓急

什么事重要，什么事不重要；什么事着急，什么事不着急。这都是考验大局观的时候，先处理重要且紧急的事，别被小事情耽误精力。

图解分析——部门协调表

关于部门协作的问题，考验着一名总经理的大局观，尤其在利益分配，人际关系处理方面，如果没有大局意识，很难让每个部门的老大满意。

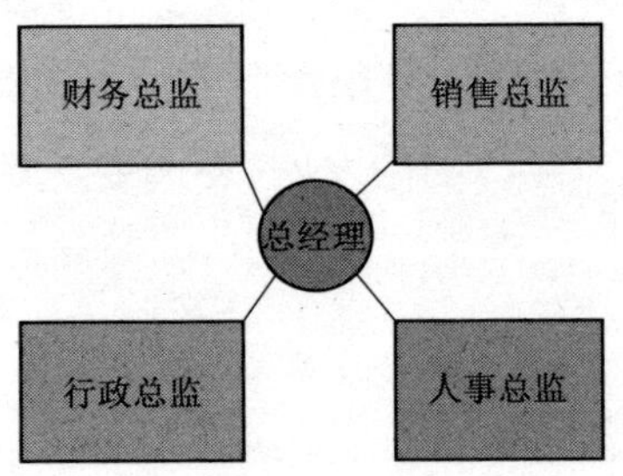

别以为你是总经理，就能凌驾于这些部门大佬之上。你的任务是做好管理，实际上具体工作还是这些人负责，他们的团队如果出了问题，最先被老板叫过去的就是总经理。因此，再处理彼此关系方面要尤为谨慎。

总经理不仅要做到公平公正，不偏袒任何一方，还要尽可能将这些部门总监联系在一起，维系彼此之间的融洽关系，让他们能够更好地合作，而非彼此拆台，这一点对于公司利益尤为重要。

如图所示，总经理的任务就是让各部门的大佬紧密联系在一起，以总经理为轴心，各司其职，相安无事，精诚合作，这才是一个公司的最佳运营状态。

别让情绪左右你

北大管理课上，讲过一个情绪 ABC 理论，是由美国心理学家埃利斯创建的。

情绪 ABC 理论中，A(activating event)表示诱发事件；B(belief)表示个体针对此诱发事件产生的一些信念，即对这件事的看法和解释；C(consequence)表示个体产生的情绪和行为结果。

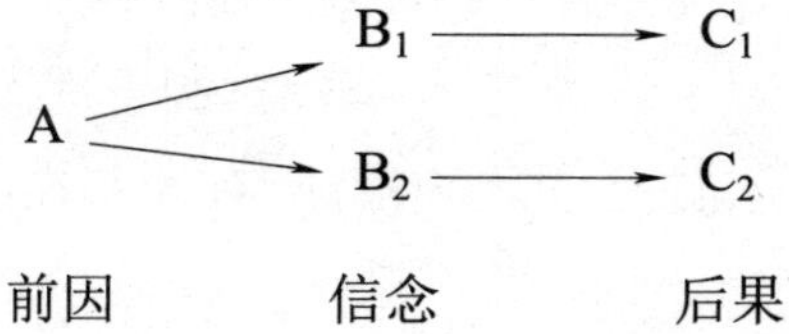

前因　　　　信念　　　　后果

结论：事物的本身并不影响人，人们只受到事物看法的影响。

同一件事，人们的看法不同，情绪体验也不同。随即，老师讲了一个故事：

有一个年轻人失恋了，情绪一直非常低落，可谓茶不思饭不想，更不要说专心工作了。无奈之下，他只好求助于心理医生。

心理医生告诉他，他目前的处境完全是自己造成的，并给他举了个例子。"假如你在公园长凳上看书，想要休息一下眼睛，于是把你的新书放在长凳上，这时候过来一个人，直接坐在了你的书上，把书压坏了，你会怎想？"

年轻人说道："那我一定气坏了，这个人简直太没有礼貌了！"

心理医生接着说："如果这个人是一位盲人呢？"

年轻人说道："哦，如果是盲人，他不知道长凳上有东西！"年轻人思考了一下，接着说，"还好我只放了一本书，如果是咖啡，可能会烫着他。"

“那你还会怨恨这个盲人吗?”心理医生问。

“当然不会,他也不是故意的,反而我会同情他。”

心理医生笑了笑,说道:“同一件事,你的情绪反应却截然不同。这是因为对事情的看法不同,从而出现不同的情绪反应。”

反观失恋这件事,让你痛苦的不是事件本身,而是你对待这件事的态度。如果你能平心静气地看待这件事,往好的方面想,比如你的女友离你而去,但是未来你可能会遇见更好的人,这样你的痛苦情绪就会减轻。

情绪ABC理论的创始者埃利斯认为:正是由于我们常有的一些不合理的信念,才使我们产生情绪困扰,如果这些不合理的信念日积月累,还会引起情绪障碍。

对于管理者来说,驾驭情绪的能力是一项最基本的技能,无论遇到多么愤怒的事情,遇到多么棘手的情况,一位优秀的管理人员,绝不能允许情绪的肆意爆发。你要清楚,你是团队领袖,所有人都在看着你,指望你,你垮了,团队就垮了。

从初入职场动辄暴怒辞职走人到身经百战之后遇事沉稳老练心态成熟,这是一段自我提高的过程,也是一名职场人从普通员工成为杰出管理者的过程。

来北大商学院上课的老板们,你很少见到他们情绪失控的一面,即便是在自己的公司,他们也不会轻易发脾气。通过调查,我发现那些公司做得越大的人,修养越高,礼节性更好。即便遇到棘手的情况,他们也不会向下属发泄情绪,只有一些小公司的老板才会这么做。

我刚做这行的时候,去过一家很小的广告公司,大概有十几号人,老板请我过去“指点”一下,当然是没有费用的。通过几天的观察,我发现员工们很怕老板。大家在都蜷缩在自己的格子间做事,老板就坐在最前面办公,完全没有隔挡,就像是上学时老师站在讲台上,对学生们做什么都一目了然。

整个办公室没人说话,气氛压抑。我不知道他是跟哪学来的这一套,反正他自己挺满意。这并不算什么,关键是他的脾气怪异,由于是广告设计出身,专业知识自然很懂,所以在这方面对设计人员非常严苛,常以自己的水平标准去衡量员工甚至是刚毕业的大学生,动辄就是一顿批评,而且是当着所有人的面儿,这让很多不适应的新人下不来台,导致公司离职率非常高。

他问我为什么,我只是"呵呵"一笑,没有作答。

一个连情绪控制都做不好的老板,怎么能让下属信服?人家是来打工赚钱的,不是来听你训的。

我当初没有给这个小老板任何建议,但我可以给员工们提供建议:要么忍,要么滚。这样的环境很难开心工作,除非是很高的报酬,忍忍就算了,要么还是尽早走人。毕竟,无法掌控情绪的老板,很多时候都难以做出正确的决策,这样的公司也就是维持现状,很难做大做强,更不用想象你跟老板提出加薪要求时,他会是怎样的表情了。

作为老板也好,作为团队管理者也好,如果能够谨慎地驾驭情绪,就不会因怒气而失控,也不会失去辨别力。美国哈佛大学心理学教授丹尼尔·戈尔曼认为:"情绪意指情感及其独特的思想、心理和生理状态,以及一系列行动的倾向。"情绪不可能被完全控制,但可以进行有效疏导、有效管理、适度控制。所以,任何一位老板或是管理者都应该加强这方面的修养,为员工起到表率作用。

我在北大商学院见过的那些老板,水平还算可以,公司规模有大有小,但是个人资产都是百万级以上的(这还不算不动产),千万级的老板占了20%,亿万级的不多,大概占了5%。其中大部分人都不是高才生,没有名牌大学的背景,甚至连高中都没读完。据很多人讲,他们之前就是一个小县城的大老粗,脾气暴躁,但摸爬滚打这么多年,吃过太多情绪失控的亏,所以慢慢就成熟了,学会了控制情绪。

人们在盛怒之下容易做出错误的判断,如果在商业上,一个错误的决定,很可能意味着大笔金钱的损失。

老马最早是在动物园搞服装批发的,后来一步步做大了,有了自己的品牌,开了很多门店。这人挺好,就是脾气急了点。他好像连中学都没毕业就跟家里出来做生意了,在四线城市开了一些小店,那阵生意还算红火。

他说有一次,跟北京一家商场的负责人谈,能给他在二楼的一个角落弄个门脸，还能帮他推广宣传他的服装品牌。这本是一次好机会，能够有机会进入大城市是很多小品牌想都不敢想的，没想到老马性格耿直，当对方表示需要“意思”一下的时候，他当场就急了，弄得介绍人都不好意思了。

“完全就是外行啊！”商场负责人撂下一句话就走了。从此之后，老马再没碰上好机会，这些年我去一些三四线城市出差，也很少在大街上看到他的服装品牌了。

情绪爆发的时候是很难做出正确判断的，对于团队管理者来说，你的一个错误决策，很可能意味着巨大的经济损失。

北大学堂：如何管控情绪并作出正确决策

控制情绪的能力很早之前就被哈佛大学、斯坦福大学这些世界名校作为研究课题，在世界五百强企业中也广受关注，如今在北大，无论是学生还是来商学院进修的企业家，对于这一点也十分看重。

这是一项很重要的能力，通过对很多企业家的采访，总结出了一套很实用的方法，读者朋友可以根据个人实际情况，选择适合自己的方法。这套方法不仅适用于管理者，也适用于每一位员工。

A. 盛怒之下不做决定

无论你的情绪控制能力有多强，都不建议在愤怒的情况下作出决策，毕竟，人在发怒时智商会大幅下降。与其试图恢复理智，不如暂缓做出决策，这是避免出问题的最好方法。一位主管曾经说过：“我从不在愤怒的时候做决定，即便情境紧迫，我宁愿耽误时间或是被老板骂，也绝不在压力之下做出错误决定。我很清楚，错误决策的代价更大。”

B. 发泄情绪作用甚微

很多人觉得当情绪爆发之后，尽快将不良情绪发泄出来就行了。通过研究证实，这样的肆意发泄虽然对健康有些好处，毕竟会让你的心里舒服点，但并不能彻底释放怒气。

加利福尼亚大学圣地亚哥分校的艾博·艾步森曾跟他的同事们进行过一次研究，当他们得知当地一家工程公司将要裁员的消息后，联系了负责人并进行了一次实验。

艾博等人对工人们进行了采访后得知，原来公司跟他们签署了三年的工作合同，但第二年就要裁员，这让工人们很愤怒。

艾博分别对两组工人进行提问，鼓励第一组员工谈谈对公司这种做法的感受；然后，对另一组员工的提问则没那么尖锐，只是让他们描述一下公司的图书馆。

采访之后，所有员工都不出意外地表达了对公司的愤怒情绪，而第一组充分发泄了情绪之后的员工，并没有减少对公司的敌意，反倒是第二组被问到公司图书馆的员工敌对情绪相对小一点。

看完这个实验，管理者要明白一点，当你对员工肆意发泄情绪时，并不会有效减少怒气，反倒会激发员工的敌视情绪，这是两败俱伤的选择。

C. 不做假设

很多管理者在出现问题后，总是习惯性质问员工，“假设你没做错会怎样”“假设你听我的会怎样”……要知道，这类“假如”只会加剧彼此的紧张和忧虑情绪。

事情既然已经发生了，再多的假设也无济于事，很多女性管理者抱着“不吐不快”的想法训斥下属，这并不利于解决问题。优秀的管理者会迅速忘掉“假如”的情况，尽快镇静下来并做出正确的指示。

D. 思绪清零

在愤怒的情况下，思路是混乱的，这时不利于做出任何决定。让思绪归零，以便重新进入正常的思考状态。作为管理者，压力自然是巨大的，各种事务需要处理，这时不妨抽身冷静一下，哪怕只有十几分钟。你可以选择断网，拔掉电话线，关闭手机，给自己营造一个独处的环境。能力强的管理者，用不了多长时间就能冷静下来，继而重新回归正常状态。

图解分析——情商控制表

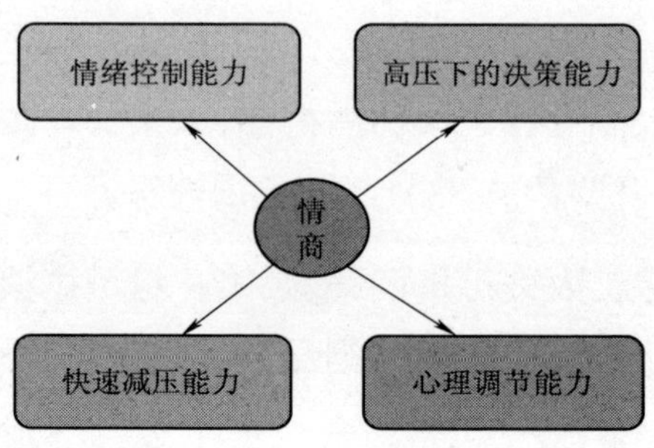

掌控情绪能力归根结底是一个人情商的体现，任何一位优秀的管理者，都必须具备较高的情商，这样才能更好地控制情绪。

◎ 管理者的情绪控制力必须高于普通员工，这样更容易赢得团队成员的信服。

◎ 高压之下做出决策的能力也非常重要，问题出来以后，你不可能期望员工来替你作抉择，你是领导者，是管理者，只有及时做出正确的判断，才能带领团队走出低谷，解决问题。

◎ 快速减压能力，指的是管理者处于压力之下的自我调适能力，如果不能在短期内将压力排解，很可能因为受不了重压而崩溃。

◎ 心理调节能力同样重要，很多管理者因为长期饱受压力困扰，心理压力巨大，甚至造成抑郁等精神疾病。因此，做好心理调适，不仅有益于做出正确决策，更有益于身心健康。

及时充电，永远比员工知道的多一些

一些人爬到了管理岗位之后就认为高枕无忧了，开始不学无术，或者只在乎一些管理权术。实际上,这是很危险的信号,在如今的信息时代,专业知识、技能更新换代的速度非常快,一两个月不上网甚至就跟不上别人聊天的节奏。

一名优秀的管理者,必须具备持续学习的能力,这样才能保证自己与时俱进,最重要的是永远比员工知道得多一点。

管理者不仅要学好管理知识,更要从多方面学习,否则很容易成为笑谈。马文是一名国企干部,从基层员工爬到车间主任,然后再熬年头做上了副厂长。这一路走来,马文的确很拼,努力工作,钻研专业知识,学习专业技能。然而,自从他当了副厂长之后,可能是受到其他厂长的影响或是建议,他开始专注于权术的研究,其他方面的内容便不再关心。

我跟马文聊天的时候,发现他管理团队的确很有一套,很多独到的见解,也让我受益匪浅。可我发现,他除了聊管理,聊权术,其他方面的知识相当匮乏,要么不感兴趣,要么看法浅薄,甚至经常闹笑话。问他一些当下热门的事情,他一概不知,有点像学傻了的书呆子。

马文的做法有些急功近利了,他没有背景,毕业后分配进入国企,一直没离开过,一路爬上来确实不容易,所以他很珍惜这样的机会。为了稳住现在的位子,他开始学习如何带团队,做的确实不错;也开始学一些为人处世之道,实际上钩心斗角的权谋之术较多,但很实用,也是帮助他在单位立足的关键。

只不过他的牺牲也不小,本来兴趣爱好就不多,这回彻底放弃了,每天下班除了应酬就是钻研这方面的书籍,其他的知识、技能一概不学。

一次单位领导视察,需要马文根据制作好的 PPT 进行讲演,恰好捣鼓电脑的员工有事离开了一会,马文急得鼓弄半天也没放出来,这让领导略有不满,他也很尴尬,而这件事传开后,也成为了员工的笑柄。

马文不仅不会用电脑,智能手机也玩不转,最初他满不在乎,直到领导们都开始用智能手机联系,他才抓紧学习,结果因为跟不上节奏出了不少洋相。

好在马文这个人能吃苦,只要是对前途有益的他都肯学,过了一段时间，在一阵拼命追赶之后，他也开始用互联网，智能手机了。

自从领导告诉他要“全方面发展”之后，马文也开始看看闲书，上上网，从多方面充实自己，而不再那么急功近利了。

为什么要比员工知道的多一些？因为你需要保住饭碗。试想，如果你没他们懂得多，凭什么你当领导？

管理是一门非常精深的学问，谁都可以当领导，但不是谁都能当得好的。只要你在职场混迹多年，就一定会跟过无数领导，其中水平高低一眼就能看出来。

为什么有些领导说话就让人很舒服？

为什么有些领导说话就让人很别扭？

为什么有些领导值得追随？

为什么有些领导让人反感？

在一个团队中，当大部分人都不喜欢这个领导时，一定说明他/她的管理能力有问题，不招人待见就是最大的管理问题。

一个得不到员工支持，不被员工喜欢的领导，仅靠规章制度是无法带领好团队的。作为老板，如果发现这样的管理者，最好及时作出调整，否则会严重影响团队业绩。

北大学堂：多方面提升管理水平

提升管理水平需要多方面学习，不仅仅是做好管理工作，它强调的是一个人综合素质的提升。

A. 学习专业知识与技能

这里指的专业知识不仅局限于管理方面，作为团队管理者，需要懂得很多。假设你是销售部总监，除了专业方面的知识与技能之外，还需要懂得人情世故，如何处理人际关系；懂点心理学，以便更好地成单。

这是针对部门领导而言，如果你是总经理，要懂的知识就更为全面，你要懂财务，懂销售，懂法律，懂管理，懂网络……总之，各个部门所需的专业知识与技能都必须清楚。你不必达到精通的地步，至少也要相当熟悉。

B. 熟悉互联网

如今互联网的趋势已经无法阻挡，互联网＋的概念更是连接到社会的各个层面。作为管理者，要学会与时俱进，通过互联网更好地管理团队，创造业绩。现在的互联网技术发展飞快，你不必像专业人士那样熟练掌握，但是至少有所了解，这样才能听懂专业人士的汇报，从而更准确的作出决策。

C. 玩转人情世故

这项能力可以说是管理者必备的技能，书上很难学到，都是经过多年的实践积累而来。一个优秀的管理者，总会让团队成员基本满意，至少做到不让人讨厌。而在处理与上级之间的关系时，也能够得心应手，游刃有余。想要玩转人情世故，需要极高的情商，做到这一点的人，升职加薪只是时间问题。

图解分析——管理能力进阶表

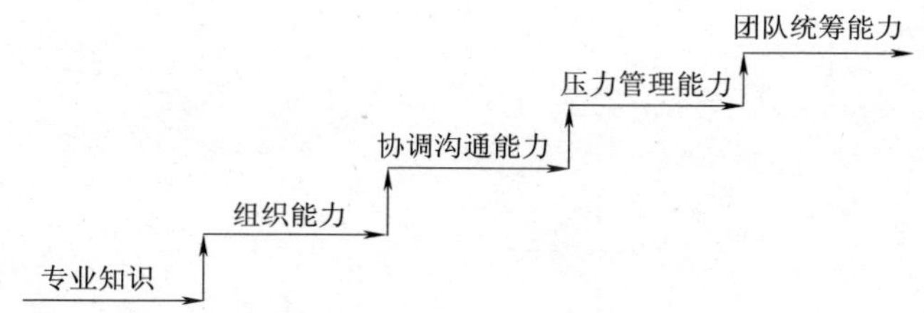

如图所示，这是一张管理能力进阶表格，从低到高，是一名管理者需要一步步具备的能力。首先是专业知识，大部分管理者都是专业人员出身，至少是从基层做起，所以专业知识方面都没问题。

接下来是组织能力，要让团队心往一处想，劲往一处使并不容易，管理者要把每个人的优势激发并发挥出来，并让每个人紧密合作，这样才能让团队的效率最大化。

然后是协调沟通能力，看起来简单，但谁都知道人际关系是最难处理的，如何协调，如何沟通，如何让每个人都满意，这不是一件简单的工作。

在往上是压力管理能力，首先是自我压力管理。管理者承担着较大压力，来自上级的业绩压力，来自下属的管理压力，如果自己调整不好，更不要说管理别人。调整好自己，然后就是帮助员工减压，如今的职场每个人面临的压力都不小，有些人抗压能力差，很容易导致情绪失控，从而影响工作，这时管理者就要起到应有的作用。

最顶层是团队统筹能力，也就是负责整个团队的管理，包括各个方面，目的就是让团队保持高效运转。如果能做到这一点，就证明你是一位杰出的管理人才。

Part Six

团队冲突的化解与管理

领导者要勇于认错，承担责任

北大管理课上，一位教授曾经提到过强生公司 CEO 吉姆伯克的故事。当时强生公司生产了一种名叫“泰诺”非处方止痛药，市场反应不错，但有人用针把氰化钾注射到药片里，结果有 7 个人因为吃了这种药而死亡。

这件事引起了广泛关注，虽然不是强生公司的错，但是吉姆伯克意识到公司有责任站出来道歉，于是他在电视上向观众公开致歉：“我们的瓶子不好，容易被人打开，我们公司有责任，我向大家道歉。”

之后，公司将所有药店货架上的泰诺全部撤回销毁，并告诉大家不要再服用老的泰诺。公司会研制生产出一种非常安全的药瓶，一旦打开就能被迅速察觉，所以别人很难再动手脚。而且，公司决定，用户可以拿之前的老泰诺来免费换取新泰诺。

吉姆伯克的行为虽然给公司造成了将近一亿美元的损失，但是他觉得这是一个 CEO 的责任，他必须站出来承担错误，他还表示，此次事件处理完毕之后就会主动辞职。

吉姆伯克的行为得到了人们的赞赏，老百姓对于强生公司更加信赖，纷纷购买其产品，强生股票也随之升值，不到一年时间就挽回了全部损失。

作为一名领导者，就要敢于承担责任。很多时候，团队矛盾的根源都出在管理者身上，他们的管理方式本身就存在严重问题，个人行事风格也让下属很不舒服,这样的管理者喜欢发号施令,盲目要求下属执行,结果出了问题既不认错又不敢承担责任,甚至一律归结为员工的无能,把责任推得一干二净。这样的管理者很容易激发团队冲突,导致下属的不信任。

Mr.柴是一位很强势的管理者,做事雷厉风行,能力很强,但是缺点是情商不高,平时就不注意与下属沟通,埋下了潜在的危机。

Mr.柴是香港人,可能是刚来大陆,还不适应这边的管理模式,他更愿意依靠制度管人,而忽视人际关系,这也让他因为"水土不服"长了教训。

他是某艺术品公司花重金请来的销售总监,公司很器重他,想要通过他的能力与经验,将销售团队带上一个新的高度。据我所知,他的年薪就在一百万元以上,还有不菲的奖金,只要完成任务,一年下来的收入是非常可观的。

Mr.柴跳槽来大陆也是想要大干一场,所以上任伊始就大刀阔斧进行变革,第一轮面试就裁掉了将近一半的业务员,他要想借此举树立威信,并招聘更多的精英。然而,他的做法引来了员工的强烈不满,甚至公司高层也有意见,但是在他的坚持下,高层默许了他的改革措施。

之后,陆续实行了一系列严格的政策,业绩要求更加严苛,采用末位淘汰制等,一下子销售部的员工人心惶惶。可别说,这么一折腾,之前松散的团队立刻产生了变化,员工的神经紧绷了起来,精神面貌更好了,平时闲聊的没有了,大家都在积极打电话联系业务。再加上新招来的一批销售精英,打破了之前固有的松散氛围,强烈的竞争意识形成了。

看来这位香港人确实有点本事,高层也从之前的质疑变为了支持,那些有抵触情绪的老员工要么忍,要么自己走人了。

在一系列变化之后,销售部在Mr.柴的率领下,业绩突飞猛进,很快成为公司的顶梁柱。这些改变也让Mr.柴的内心发生了波动,他开始变得骄傲自大,目中无人,无意中得罪了老板的嫡系,他全然不知,实际上,为之后的离职埋下了伏笔。

不过,导致Mr.柴走人的关键原因不在这,而是团队成员的反目。他虽然重建了团队,招入了很多新人,但是并没有组建自己的嫡系,而是依靠公司制度管理，相对于人际关系，他更愿意相信员工的专业性。可大陆跟香港不一样，他的一厢情愿没有换来员工的鼎力支持。

既然没有“以情服人”，那么管理者就要时刻表现出专业性，而 Mr. 柴在团队取得了良好业绩之后，开始变得狂妄。前任业务员小潘说过：“他开始居功自傲，认为公司业绩都是靠他一个人做起来的，忽视下属的付出。更重要的是，我们觉得他看不起内地人，认为我们不专业，言语之中能够明显感觉到，这让很多人开始反感他。”

团队矛盾都是一点点积累的，无论管理者多么强势，能力有多强，也要依靠下属去执行，既然强调专业性，管理者就不能出现疏漏，时刻表现出专业的一面，而 Mr. 柴则出了错。

一次，Mr. 柴谈接到任务，去汇丰银行谈一笔大单子，带着公司最好的琉璃样品，并带上五个专业知识丰富的员工，一边展示产品，一边讲解琉璃制品的相关知识与文化。到年底了，汇丰银行要做一批礼品送给客户，之前由于老板的关系，他们才得到了这次机会，公司上下都非常重视。唯独 Mr. 柴不这么想，他认为汇丰银行的这笔单子量不大，而且因为不是他谈的客户，销售部只能拿到很少的提成，做惯了大单的他并不在乎。他只是吩咐下属着手准备，并没有特别叮嘱。

当天，他带着销售团队的几个精英来到展会现场，明显不在状态，一脸疲态。因为前一天晚上出去应酬，陪客户唱歌直到凌晨三点，这会酒还没醒呢。演讲开始，他常规性地介绍了公司产品以及琉璃文化，之后本想交给下属进行演示。没想到汇丰银行的一位副行长对琉璃制品很有兴趣，而且平时还有一定的研究，所以兴致大发开始不断提问。

Mr. 柴来公司不到半年，之前也没在这一行做过，而且他对琉璃文化没有多大兴趣，只是靠着聪明才智很快掌握了大部分相关知识，可是这位副行长的问题都很专业，这让他根本答不上来。眼看出现了冷场的局面，他索性把员工推了上来，让他们解答。然而，这五个人的情况跟他差不多，都是后期招进来的，所谓的精英业务，业绩确实不错，但没有一位老员工，更没有人接受过相应的培训，知识沉淀不足，没有一个能回答上来。

现场气氛尴尬，副行长见此情况没再多问，不悦的表情写在脸上。不出意料，这笔单子最终还是没成，这让公司老总大怒，对销售部通报批评。

令人没想到的是，Mr. 柴没有帮着团队“扛雷”，反而跟高层大倒苦水，将责任推得一干二净，并且回来开会大骂员工。有些员工听不下去，甚至当场翻脸。

反正那半个月，销售部就像炸了锅，非常混乱。这件事并没有结束，员工之前积累的情绪彻底爆发，大家对 Mr. 柴的意见越来越大，传到了管理层的耳朵里。这时，当初被他得罪的老板嫡系站了出来，暗中使坏，让销售部员工集体倒戈，并促使管理层逼走了 Mr. 柴。

管理者要勇于认错，勇于承担责任，绝不能功劳自己独占，责任全部推给下属，这是毫无专业性的表现。

在一个团队中，管理者一旦失信于下属，就将很快失去支持，那么便无法开展工作。作为一个团队的领军人物，必须树立榜样，树立权威，用实际行动赢得下属的信任。而且，考虑到当前的大环境，不能一味依靠制度与专业性，人际关系绝对不能忽视，这是管理者立足的根基。

一个矛盾重重的团队，无法将精力放在完成业绩上，即便手底下有一群精英，但是不出活儿，不卖力，管理者一点办法都没有；而一支团结的队伍，即便能力平平，只要大家为共同的目标努力，都会做的不错。所以，一名优秀的管理者懂得把责任扛在肩上，当出现问题时敢于主动承认错误，这样才能赢得下属的信任与支持。

北大学堂：管理者如何巧妙地承认错误

A. 真诚道歉

道歉一定要真诚，一笑而过的道歉方式很难被接受，也无法得到谅解。作为管理者，如果犯了错，就要真诚道歉，一定要严肃，谈及问题的实质，绝不能泛泛地一带而过。

B. 向有关人员道歉

管理者在犯错之后，绝不能不以为然，有些人认为只要向上级认错即可，向下属认错岂不丢了面子？道歉一定要涉及所有相关人员，否则将会造成二次伤害。你无意中轻视的人，也许就将影响你在公司的前途。

C. 公开致歉与私下沟通

如果你的决策给整个团队造成了影响，那么就该选择公开致歉的方式；同时，如果对个别下属造成了影响，还要在私下进行进一步沟通，以便更真诚地表达你的歉意。

D. 方式的选择

道歉的方式有很多种，根据所犯错误的程度，人际关系，交情等不同因素而定，当面致歉无疑是最真诚的，但也会比较尴尬，不容易被接受。管理者根据个人性格，可以采用变化多样的致歉方式，如：

√ 婉转致歉

√ 电话沟通

√ 视频沟通

√ 电子邮件

√ 微信短信

√ 托人致歉

E. 及时道歉

一般来说，在犯了错误之后，越快承认错误的效果越好。当员工没有就你的失误议论开来之前，及时道歉，堵住他们的嘴巴，无论对团队还是你个人都很重要。

F. 简短深刻

道歉内容不宜过长，太长了员工听不进去，还会让人有推脱责任之嫌。

说重点，内容深刻，简短有力，这样的道歉效果最佳。

图解分析——管理者常犯的错误

不想道歉的方式就是少犯错误，作为团队管理者，以下这些都是平时常见的错误，你不犯错，就用不着道歉。

- 不愿承担责任
- 与下属关系冷漠，缺少沟通
- 只讲制度，重结果，缺少人情味
- 公司内部搞小圈子，形成对立
- 未能激发员工潜能，团队业绩差
- 一视同仁的管理方式
- 眼中只有精英业务，忽视其他人
- 制度不清晰，奖赏标准不明

员工真实想法，你知道多少

弄清员工心底的真实想法是维护团队稳定、化解团队冲突的关键，这里指的是真实想法，并非大家表面的那一套。

俗话说同事之间不深交，尤其是上下级之间，绝不能轻易吐露心声，如果被领导知道了你的真实想法，你已经棋差一招。

鉴于每个人深受这样的思想困扰，员工在与同事、上司交流时都很谨慎，很少会暴露心底的真实想法，这就导致管理者很难意识并察觉到团队中矛盾的积累，表面上风平浪静，实际上团队矛盾很可能已经达到临界点，随时有可能爆发，破坏和谐的团队氛围。

正因此，管理者要想方设法与员工沟通，了解他们内心最真实的想法，防患于未然。很多公司，很多管理者都不在乎员工的看法，结果矛盾积累到一定程度之后爆发，收拾烂摊子时才意识到问题的严重性。

一家优秀的企业，一个优秀的管理者，会非常希望听到员工真实的心声，无论是出于哪种考量，可能是为了避免矛盾，可能是为了了解基层现状。总之，他们会通过各种方法让员工说出心声。看看名企是怎么做的吧，这是北大管理课上的案例。

工业制造商伊顿公司(Eaton Corp.)曾经使用 21 种语言对其分布在全球的 55 000 员工进行了调查，调查的领域包括商业道德、价值观、员工敬业度、员工关系、管理层工作效率及战略愿景等。

当时的人力资源副总裁库克(Susan Cook)说："员工的反馈对我们的工作真的很有促进作用，它们其实已构成我们的商业战略、财务或继任计划的一部分。""员工反馈对于帮助公司检查和改进业务运作方式是至关重要的。伊顿员工调查不再是一个人力资源项目，而是一个运营工具。"

大公司或者优秀的管理人才，懂得倾听员工的重要性，员工心底真实的想法往往会暴露出公司、团队存在的问题，员工的反馈正是公司改进问题的机会。放到本节的主题上，管理者为了避免团队矛盾积聚，就必须认真倾听员工的诉求。这还不够，很少有人会向上级敞开心扉，这就需要管理者使用一些必要的手段。

具体方法有很多种，根据性格特点、为人处世方式的不同选择各异，而我的做法比较直接——喝酒。

我喜欢交朋友，也喜欢喝酒，我相信"酒后吐真言"的道理，如果你坦诚相待，员工也不会藏着掖着。当然，我之前并非这样的人，甚至有些内向，也是自己单干之后逼出来的，练出了嘴皮子，能喝点小酒，发现喝酒这件事真的挺有意思，很多解决不了的问题，放到酒桌上都能办了。而且跟不同的人交往，能听到很多故事，学到很多知识，当然也能拉到不少生意。

扯远了，总之只要能把员工拉到酒桌上，多半都能问出他们的真实想法，那种职场“老油条”除外。

我们公司有一个做行政的小姑娘，Alina，挺漂亮，人也开朗，跟大家的关系都不错，上上下下都很喜欢她，是公司的开心果。

小姑娘很好猜，喜怒哀乐都写在脸上。有一段时间，我发现她整日闷闷不乐，于是逗趣似的问她，可她支支吾吾不愿多说。前几天我没在意，之后发现办公室的氛围变得严肃了，我意识到这不是好兆头，想必一定跟 Alina 有关系，或者可以从她这里得到信息。

问她几次也不说，完全一反常态，看来问题有点严重。因为她不开心了，办公室就像少了一个人，大家工作起来感觉很无趣。

既然 Alina 不说话，我就找她的上司谈，菲儿是行政总监，性格比较冲，典型的女强人类型。我跟她提到这件事，她表情平淡，甚至表现出些许不屑的样子。我猜一定是这两人之间出问题了。

惹不起菲儿，所以只能从 Alina 这块做工作，几次快到饭点的时候，我都带着她出去办事，然后顺道吃个便饭。最初只是随便聊聊工作，循序渐进。一次看到她情绪异常，索性跟她喝了两杯，引导她说出憋在心里的话。

Alina 不胜酒力，几杯之后情绪明显激动起来，我开始一步步套她的话，直到她开始全盘相告。原来，公司有一次去外地的培训机会，实际上有点旅游的性质，结果行政部新来的一个女孩跟两位主任一同前往，没让 Alina 去。按理说，论资历应该让她去才对，但菲儿可能有其他打算，并没有让 Alina 前往。

就这样，小姑娘不干了，一连几天都闷闷不乐，然后跟菲儿的关系也越闹越僵。菲儿虽然是行政总监，其实也就三十多岁，脾气还不小，一点都不惯着下属。结果，矛盾越积越深，Alina 又喝了几杯啤酒，开始大哭起来，她说很喜欢公司，但是感觉受了欺负，待不下去了，等帮公司忙完这阵就离职。

幸亏问出了原因,要不然等 Alina 提出离职,很可能局面就无法挽回了,这不仅是失去一位好员工,还会破坏行政部的良好氛围。

弄清楚原因之后,我好一阵安慰,这个小丫头还挺倔,解释到晚上十一点多她的情绪才稳定下来,似乎也听懂了一点。隔天,我又把菲儿叫了过来,让她去安慰一下这丫头。之后我们三个人一起吃饭,把话说开了,菲儿的意思是想让一个老员工压阵,别到时都出差了公司没人盯着了。

倔丫头终于转过弯来,马上转怒为喜,之后我给她涨了一千块钱工资,她又像之前一样,说说笑笑,插科打诨了。Alina 活泛起来,整个办公室的气氛都被搞了起来,她就是那种红人,有这个本事,所以绝不能放她走。

一场危机就这样化解了,如果没能挖出员工心底的真实想法,那么后果是相当严重的。所以,管理者一定不能等到矛盾爆发再去收拾烂摊子。

北大学堂:如何诱导员工说出真实想法

A. 引导式提问

提问题不要一针见血,这样员工会有所顾忌而不敢说话。员工在与领导谈话时,往往不敢主动开口,也不敢说太多,这就要求领导通过提问的方式,逐步引导下属说出实情。

B. 激将法

对于自尊心较强的员工,往往可以通过言语刺激的方法,让他们说出内心真实想法。比如员工对某位同事感到不满,可以使用激将法让他说出具体是谁。

“这个月销售部的业绩这么差,你们都是怎么干活的!”那些憋不住话的员工,很可能给出一两个名字,这样管理者就能看出大家对谁不满了。

C. 问卷调查

问卷调查最好采用匿名的形式，这样更容易得到真实的答案。拿到结果之后，不要去追究责任，而是寻找解决办法，否则下一次就没人实话实说了。

D. 成为朋友

与员工成为朋友，显然这是比较困难的方法，然而一旦他们认可你，就会对你敞开心扉，那么你将获得很多真实的信息。

E. 酒桌吐真言

这也是我常用的方法，其实跟交朋友差不多，前提是彼此以诚相待，然后借着酒劲，让他们说出真实想法。

图解分析——员工不愿袒露心扉的四种心态

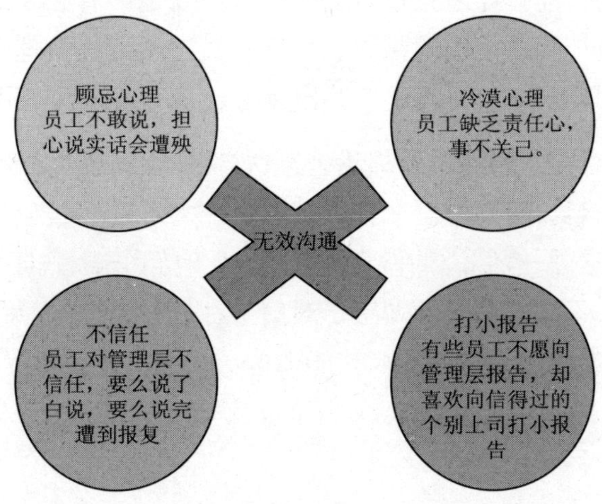

如图所示，这四种心理是阻碍员工说出心里秘密的最大阻碍：

【顾忌心理】员工存在顾忌心理是很正常的，与上司交流都会谨慎，担心说错话给自己造成影响，出于这种考虑，很少会敞开心扉。

【冷漠心理】这样的员工缺乏责任感，更像是来混日子的，团队、公司的好坏与他无关，他只最好手头的工作，不管闲事，想从这类人嘴里套出信息是很难的。

【不信任心理】员工与上级之间互相不信任，这种情况很多件，上司不相信下属，下属也担心被出卖，双方处于这样的博弈状态，很难彼此坦诚。

【打小报告心理】这更像是一种习惯，员工不信任管理层，所以只愿意找他信得过的上司交谈。这些人习惯揭别人的短，又害怕被发现，所以只能选择熟悉且信得过的上级报告。

不善反省的领导，最容易独断专行

作为管理者，能够经常且及时进行自我反省是很有必要的，可以防止独断专行，有效避免团队矛盾的积累。如果问员工最讨厌管理者哪些毛病，独断专行一定是其中之一，尤其是那些自以为是、不听建议的领导。

或许每个身在职场的员工都遇到过这样的上级，他们做事独断专行，从不考虑员工的感受，更不要说意见了。那些能力不强，又喜欢瞎指挥的管理者最让下属反感，按他们说的做肯定错，回头他们把责任推得一干二净，还得自己背黑锅；不按他们说的做等于对着干，以后肯定没好果子吃。员工经常面临这样两难的境地，有个性、有能力的员工索性不伺候了，跳槽走人；剩下的都是混日子的，将怂怂一窝，底下的人就是有本事，也会失去工作热情，被这样的管理者调教为平庸之辈。

在社会上混久了，见过太多自以为是、独断专行的家伙，有老板也有管理层，就拿北大培训班这些同学来说，不管公司规模如何，我敢说绝大多数老板都有这样的毛病，反而那些公司中的中高层管理人员做得比较好。

这也让我困惑了一阵子，后来跟他们聊熟了才明白，很多老板都是靠个人打拼出来的，能力很强，一路走来虽然犯过错，摔过跟头，但是毕竟人家成功了，做起来了，所以对别人的建议并不重视。有一种情况例外，除非你比他做的大，那么他们是很乐于听你说的，要不就是我这种，专业干这行的，听听无妨，但不一定认可。

而那些在这上课的高管，往往具备不错的教育资历，经过系统的学习，看问题很全面，最重要的是为人谦虚。

学员里有一位小老板，姓张，喜欢交朋友，特别爱说教，资产可能没过千万元，年收入可能也就五六十万元，特别喜欢给人上课，有时候在课上还跟教授争辩起来。一次，我见他给一家上市公司的总经理上课，讲大道理，告诉他“在我们公司，我是怎么做的；要是我，就怎么怎么样”……那个经理看上去三十多岁，很斯文，非常有礼貌，一直听他说完。后来老张讲累了，突然问道：“像你们这种，在公司能赚多少钱？你要往长远考虑，有机会就自己干，像我，上班那会就三十万元了，往上走没有多少上升空间了，我就自己弄了个公司……”

“是啊，您说得对，我是在这里先学习，以后也想自己成立公司，到时您多指点。”

“没问题，唉，你一年能拿多钱？”

“我这年薪七十多万元，今年业绩不错，奖金有五十万元。”

老张听完之后差点噎回去，半天没说出来，最后蹦了几个字：“那还行啊。”

我们坐旁边的几个人听完都乐了。

老张是做印刷厂的，没事就喜欢跟文化人打交道，所以花钱跑这里来上课。实际上，那些课他是否感兴趣，是否能听懂都不好说，我觉得他来这里的目的很明显，就是结识更多人。向他这种喜欢说教的管理者，在公司面对员工时一定少说不了，更何况他是自己拼出来的，所以认识上有一定的局限性。

不出所料，我跟他熟悉之后，听他讲管理，在公司完全一副“独裁者”的样子，员工必须无条件执行他的所有指令，否则就开除。我去过他们厂子一次，印刷厂那些工人只管干活，对他言听计从，甚至有些崇拜他，这让老张很高兴。但是办公室的工作人员，明显能感觉出不情愿的样子。那天我去找他谈事，准备找他印一本培训师的书，见我来之后，就像故意显摆一样，命令员工做这做那，他似乎精力旺盛，什么都想管，就连PPT该怎么做他都要插手，让行政的小姑娘做一个PPT，非要做成什么样子的，人家说做不了，他说不可能，做不了就是笨。

我虽然不熟悉PPT，但是简单操作还是懂点的，瞥了一眼发现小姑娘说的没错，按老张说的确实做不出来。结果鼓捣半天，小姑娘也没弄好，老张骂了一顿之后自己抢过来弄，发现真的做不出来，气得他把鼠标一扔，叫我出去喝酒了，边走边骂"现在这些小孩真没用，什么事都做不好……"

有这样的老板，员工的日子肯定不好过，他们独断专行的态度本来就让人讨厌，而且还会导致效率低下，到头来还埋怨员工。所以老张经常问我："你说为什么我的员工离职率那么高呢？"

每次我都是以"呵呵"做答。

人无完人，小老板可能拼出来了，成功了一次，但不代表什么事都懂，什么决策都对，如果不能及时反省，改掉独断专行的毛病，会让整个公司陷入恶性循环；管理者也是一样，当下属的意见不被采纳，而你总是给出"昏招"时，那么团队效率就无法提升，更主要的是优秀的员工都走了，留下的都是混事的。

我讲的绝不是个案，很多小公司都存在这样的问题，值得管理者认真思考。很多矛盾的最终爆发都是因为管理者独断专行造成的，他们总是做出错误决策，结果业绩无法完成，整个团队跟着受处罚。时间久了，一些优秀的员工要么站出来公开反对管理者，要么直接跳槽走人。无论哪种情况，都会给公司带来重大损失。

北大学堂：优秀管理者的自我反省

一位优秀的管理者必须具备自我反省的习惯，及时的自我反省能够减少错误，树立权威，带领团队走向更高的层次。以下是根据一些老板、高管的反思总结出来的：

A. 真正的人才往往都是不听话的

很多管理者存在这样的误区，喜欢听话的员工。实际上，这么多年经验告诉我，越是听话的人越没本事，这些人最大的优点是执行力强，但是缺乏独立思考能力，缺乏创新力，没有主动性。真正优秀的人总会提出自己的见解，他们来你的公司是为了做事的，是为了提升的，所以他们一旦觉得有问题就会提出来，甚至跟你争吵。这些人的不听话也许会让你头疼，但反过来想，这些人才是团队的脊梁，才是真正的人才。

B. 能力强的人才有资格独断专行

独断专行而且做得很好的例子不是没有，虽然独断专行从来都不是优点，但是有一类管理者总是能够做出正确的决策，且手下的能力一般，给不出太好的意见。对于管理者来说，如果95%的决策都是对的，那么并不用过多地采纳员工的建议，因为你有这个本事。

C. 罚款要因人而异

对于某些基层员工来说，罚款是有作用的，毕竟他们薪水比较少，罚款可以真正触痛并让他们引起重视。此外，基层员工一般缺乏上进心，惰性很强，通过这种硬性管理手段，能够起到不错的效果。反之，对于优秀的员工则没必要采取罚款的手段，犯错之后他们会主动调整，承担责任，罚款并不会起到多大作用，反而会让他们感觉受到侮辱，不利于团队稳定。

D. 从大局出发，艰难抉择

优秀的管理者不会轻易做出决策，一旦失误，将会产生更大的影响。管理者要从大局出发，要看的全面，看得长远，考虑周全之后作出最终决策。需要注意的是，一旦经过深思熟虑作出的决策，不要轻易改变，不要犹豫，要相信自己。

图解分析——避免团队冲突的自我反思

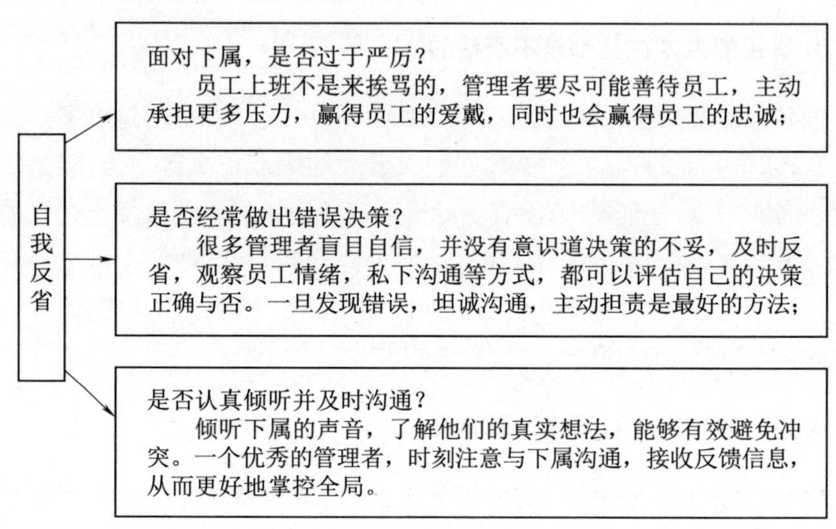

刺头型员工的管理方法

多年的管理经验告诉我，刺头型员工主要分为两类：能力超强的与傻横的。对于管理者来说，如果处理不好，这两类刺头型员工都将成为团队的害群之马。但是，绝不能使用一刀切的管理方式，尤其是对于能力很强的刺头，这些人用不好是隐患，用好了则是一块宝，甚至团队的大部分业绩都要靠他们。

对付傻横的刺头要分清形势，看看属于哪一类，有背景的不好动，没背景没能力就是喜欢跟管理者对着干的，这部分人可以直截了当要下命令，要么忍，要么滚。

后者属于典型的没脑子，在私企很难混，没人惯着他们。但是在国企就比较麻烦,有制度,有合同,不能轻易开除员工。这些人容易钻空子,拿着一份十年长约,整天混日子,又没到被开除的程度,没事就喜欢跟领导对着干。

的确令人头疼,面对这样的刺头,管理者不要跟他对着干,因为在特定的体制下你拿他没办法,倒不如好好沟通,适当降低工作任务。

如果你把这类刺头当敌人,那么他们会让你很难受,别看你是领导,照样不给面子,跟你对着干,带来很多负面影响。时间被浪费,权威受到质疑,实在耽误不起。索性,你可以把他们当"朋友"。当然,这只是一种战术,你对他们示好,他们就会有所收敛,甚至被激励而努力工作。除非是脑子实在不灵光的,这类人我也没有好办法,等着合同到期让他走人就是了。

傻张子当年是一汽的工人,好像是技工,按理说脑子应该灵活点才对,可他在为人处世这方面一点都不开窍,在车间里是有名的刺头。这个人很讲义气,同事跟他关系都不错,就是喜欢跟领导对着干。在他看来,领导都是坏的,没一个好东西。

他们的车间主任老王跟我认识,每次喝酒都聊到傻张子,说这个人不坏,心眼也挺好,就是一根筋,认定了是领导就没好东西,见着谁跟谁打,对他好也挨骂,不好也挨骂,一点辙没有。

我劝老王说,对付这类刺头,你只能尽可能跟他沟通,而且要以他能听懂的方式沟通,不能一味对他好,这会让他觉得你是在故意拉拢,适得其反。这些人没有坏心眼,只不过是性子比较直,一根筋,只有时间能让他们理解你,日久见人心。

之后老王不再急于跟傻张子谈话,而是有事没事的聊几句,没有了那么强的目的性,再加上老王平时对员工都很好,口碑不错,渐渐地,他也赢得了傻张子的认同。从那以后,傻张子就不再捣乱了,反而更加努力工作。

我想重点说一下能力强的刺头员工,这些人是团队的宝,用好了甚至一个顶好几个。这些人往往都是精英,高学历,能力不凡,经验丰富,技术水平出众,甚至要比领导更强,所以有骄傲的资格。

他们的缺点是年轻气盛,有时候对于管理者的命令不屑一顾,尤其是管理者做的不好的时候。对于这些人,管理者要有容人之心,首先你要明确,他们的能力是否在你之上，尤其是涉及专业知识，我见过很多情况，管理者不熟悉瞎指挥，结果员工不干了直接吵起来。这还算不错的结果，至少没有影响团队效率，如果员工忍了，跟着管理者瞎干，那么受损失的将会是公司。

Andy是一位技术水平很高的程序员，自从上高中时就喜欢钻研电脑，他大学毕业后做了程序员的工作，做的非常不错，现在税后月薪已经快三万元了。不过，Andy的缺点也很明显，由于他将精力都放在电脑上，平时的兴趣爱好不多，也不喜欢跟人打交道，所以为人处世很糟糕，而且脾气还不好，只要是他认为无法沟通的，一律被拉黑。

因为情商低，在学校以及初入社会之后，他的人际关系都很糟糕。记得他跟我说过，第一份工作只做了半年，不是自己跳槽，而是跟老板打架导致。

他的情况跟阿虎很像，也许这是很多程序员的硬伤。Andy刚上班那家公司的老板不是科班出身，懂点技术但不多，据说还是清华毕业的。每次开会都说出一些很业余的话，其他同事都在底下听着不出声，只有Andy坐不住了，每次都要大声反驳，而且一点不给老板留面子。

人家毕竟是老板，当着这么多员工的面儿指责老板，吵架是在所难免的。即便这样，那位清华的高才生也没有开除Andy的意思，反而是他自己走人了。

Andy的第二站来到了摩托罗拉，他显然更适应外资企业，福利待遇自不必说，主要是更加正规，适合Andy的路子。可他当时毕竟初入社会，为人处世方面还是一塌糊涂，来了没多久就开始跟主管吵架，据说气得女主管直蹦。

索性当时的外籍总监看到了他的潜力，直接跨级找他谈了好几次，后来还带他去酒吧喝酒，一起吃饭，这让Andy很高兴，觉得找到了知音。

Andy之所以跟中方主管发生矛盾，是因为他的技术水平在她之上，而当技术总监找他聊过几次之后，他终于找到了可以沟通的人，而且发现自身还有很多不足，从那之后，他才开始踏踏实实学习，但是很多问题不再找主管而是直接跟技术总监沟通了。

虽然女主管很难做，但是公司考虑到Andy的潜力，还是默许了这样的做法。最终,Andy 在摩托罗拉做了两年多。

对付能力超强的刺头型员工,管理者一定要放低姿态,尤其是这类人确实比自己更好的时候。除非你担心他们抢了你的饭碗,否则还是尽量妥协、迁就,并大力培养。这些人用好了绝对是人才,利大于弊,这就要看管理者的度量与手腕了,让他们成为团队的脊梁而非毒瘤。

北大学堂:4 招教你对付刺头型员工

A. 对付有背景的刺头

除了企事业单位,如果一个员工能力平平又嚣张跋扈,不是傻子就是“皇亲国戚”。对付他们的时候一定要摸清背景,此外,你还要考虑好环境,向你的上级试探。如果是家族企业,同时上面又比较“护犊子”,那么作为管理者,还是少管闲事。尽量少去招惹这些刺头,或者跟他们“同流合污”。

如果“皇上”也对自己的“亲戚”感到不满,或者说关系没那么近,在向上级试探之后,权衡利弊,再去做一些工作。

如果上级给出了明确的指示,在确定是老板的意思之后,就可以按照自己的方式处理了。

B. 对付能力强的刺头

内文中已经重点讲过,这类人尽可能留,管理者要善于使用这类人,跟他们搞好关系,发挥他们的优势。实在无法应付的,或者说威胁到团队或自身利益的,则可以考虑摊牌。

C. 对付有资源的刺头

这类人最不好处理,老朱做广告公司的时候就跟我说过,手底下几个副总拿着 20 万元的年薪,整天在公司混日子,谁都动不了他们,就是因为手里的资源。他们走,客户就跟着走了,一点脾气没有。这类情况,最好的方法就是忍着,他们即便是混日子,还是能给公司带来固定的收益,有钱赚就行了。

D. 对付“临时起意”型刺头

这类员工平时表现中规中矩，突然情绪大变，开始跟管理者找茬对着干，很有可能是不想干了，想跳槽了，或者是闹情绪要求升职加薪的。管理者要根据情况做决定，尽量挽留，要求过分的就让他们走人吧，不会对团队造成太大损失。

图解分析——刺头员工分类表

类型	优　势	缺　点
能力强的刺头	学历高，经验丰富，技术高超	情商低，人际关系差，性格急躁
有背景的刺头	跟上层关系密切	懒惰，态度嚣张，不服从管理
有资源的刺头	手里有客户资源	不思进取，工作态度消极
临时起意型刺头	之前工作稳定	涣散军心，说公司坏话
傻横型刺头	无	顶撞领导，不服管理，害群之马

对团队“老油条”的正确处理方式

“老油条”，指的就是那些老员工，在公司多年，有能力，有经验，但是缺少上进心，懒惰懈怠，丧失工作热情，给团队造成消极影响。

这些人轻易动不得，动他们等于伤筋动骨，不利于团队稳定，毕竟他们的人际关系稳定，都有固定的圈子，你开了一个，很可能带走一批。所以，管理者要谨慎对待，让这些老员工发挥出正能量，防止他们成为团队毒瘤。

还是说说哥们老朱的广告公司，前面提到他们公司有几个副总，年薪20万元，这几个人就是团队老油条，很长一段时间，几乎成为了公司的毒瘤，因为手里有资源，每年干不干活都能拉到固定的业务，当户外广告开始走下坡路的时候，几位副总的动力也就没了，开始混日子。管理者都开始混了，员工能好到哪去。

这事让老朱好一阵犯难，这些人于情于理都动不得，都是公司的三朝元老，有几个更是组建公司时的创业者，另外动他们很可能导致团队伤筋动骨，每个人都有自己的嫡系，要走就是一拨人，对公司影响十分大。

老朱是做大买卖的，见多识广，户外广告这块只是手底下众多公司之一，这类“老油条”见多了，自然有其应对的方法。

结合当时的大趋势，他发现广告行业已经开始走下坡路，于是果断决策，甩掉这块业务，准备向互联网方面进军，他发现唯有做产品才是最终出路。

有了这个想法之后，他提出给几位副总分股权，让他们从打工者变为合作伙伴，成为股东。自己当老板，公司成为自己的，干劲就不一样了。

这一招的确奏效，股权激励，既然惹不起这些“老油条”，就设法激发他们的潜能。这些人见的多了，钱以外的激励方式根本没用。

自从当上股东之后，这帮小子开始真正忙活起来，不再指着20万元的年薪混日子，发动关系，动员下属，开始折腾。虽然广告行业处于下坡路，但是对他们来说，这是新的开始，整个公司顿时焕然一新，重新焕发活力。

办公室政治也是一门学问，很复杂，别以为你是老板，你是管理者，就能为所欲为，搞不好就会把团队弄散。团队中有一些人是动不了的，如果不是必须，或者说公司到了非改革不可的局面，轻易不要招惹这些“老油条”。

再讲一个惹怒老员工的例子，相信很多管理者都遇到过类似局面。查理是做销售的，做了很多年，他在一间保健品公司做销售主管那会还没有什么管理经验，也是刚从基层提拔上来。小伙子年轻气盛，刚当上主管心气很高，他的年纪不大，是因为业绩好被破格提拔的，而很多比他资历老的员工都没得到晋升。这已经埋下了隐患，可查理一点都没有察觉。

上任伊始，查理开始设定目标，他一厢情愿定下很高的业绩目标，然后给团队施压，导致很多人产生不满情绪，其中一个老员工薛明开始唱反调，并鼓动大家公开反对查理。

薛明是公司里资历最老的员工，按理说这次应该轮到他晋升主管职位，可是由于业绩不理想，最终被刷了下去。薛明的情绪一直不好，根本不理会查理的业绩要求，每天都在混日子。查理心气正高，想要树立威信，没想到定错了目标，他准备拿薛明开刀。

这下坏了，薛明急了，当场跟查理撕了起来。查理觉得很没面子，竟然当着销售部所有人的面儿要开除薛明，其实他根本没这个权力。

薛明本来就不想干了，这下正好，主动找人事部提出辞职。这件事惊动了上层，老板都找薛明谈话让他留下，结果人家真是急了，第二天就不来了。之后的一两个月，销售部一般员工都开始陆续离职，这让查理以及公司上下都傻眼了，给公司造成了很大损失。

原来，薛明走了之后就去竞争对手的公司上班了，人家挖他有段日子了，这次正好借机报复，把人都带过去了。

查理也没好日子过，因为不理智被公司降回了销售员，没过几天也没脸待下去了。

公司中的“老油条”不是谁都能动的，他们在公司待了很多年，所有人际关系、业务通吃，所以必须谨慎对待，否则将会对团队产生伤筋动骨的巨大影响。

北大学堂：教你如何与“老油条”过招

A. 持续成长需求

老员工消极怠工的很大原因是因为成长受限，在公司晋升空间有限，干与不干拿钱都差不多，失去了进步的动力。帮助老员工更好地成长是管理者的责任，同时公司也要为老员工进行职业生涯规划，让他们看到进步空间。此外，可以通过调整岗位的方式激活老员工。当一个人在某一职位做久了，自然会失去动力，这时候调换岗位的方式会让他们学到更多知识，也会重新激发他们的动力。

B. 以和为贵

对付老员工要秉承以和为贵的原则，即便他们的表现懒散，但也不能轻易激怒他们。可以通过沟通的方式，尽量满足他们的要求。

C. 大环境刺激

当所有人都在努力工作的时候，老员工也不好意思偷懒了，也会注意自己的行为。所以，管理者可以通过激发团队其他人，塑造出一个积极的氛围，这样也能刺激到老员工，逼他们认真工作。

D. 痛下杀手

这一招不到迫不得已绝不要用，权衡利弊之后，如果这些人对团队的贡献弊大于利，可以在将损失控制在最小程度的情况下，痛下杀手。所谓斩立决，在无法改变他们的情况下，铲除团队毒瘤，这是去根的办法。

图解分析——“老油条”成因分析表

员工因素	公司因素
缺乏职业规划，上进心不强	管理制度过于死板，扼杀员工上升空间，失去积极性
上升空间有限，干好干坏一个样	制度无法落实，如奖励制度不落实，员工感到失望
责任心差，生性懒惰	管理者不公正，对待下属分为三六九等，造成有些员工失去信任，消极怠工

影响团队绩效的问题永远是大问题

对于管理者来说，团队业绩永远是最重要的，因为这是老板最关心的，也直接决定着管理者的未来发展与当下利益。因此，影响团队绩效的问题永远是大问题，不能忽视。比如员工彼此之间的矛盾，比如团队凝聚力等等。总之，这是一个宏观的问题，涉及方方面面。当这些问题叠加在一起时，就会引发团队冲突，从而导致团队业绩下滑，管理者就会面临很大压力。

这一节主要从团队冲突导致绩效下滑的角度来分析，因为这是我见过的最直接、破坏力最大的情况。当一个团队出现矛盾时，员工没有心情努力工作，争吵、猜疑、互相使坏……这时候再厉害的管理者也很难在短时间内解决所有问题，让一切恢复正常。所以，不要等到矛盾激发到一定程度再去着手解决，而要有预见性，能够在矛盾出现苗头时就开始处理。

目前为止，我所经历过最糟糕的一次团队冲突直接导致我被老板开除，这是我职业生涯中最深刻的一次教训，很长时间都没缓过来，所以我很少在书里提及。

回过头来想一想，还是因为经验不足，能力不够。那会年轻，对成功存在强烈的渴望，一心只想往上爬，终于爬到了主管的位置，结果感到力不从心，无法胜任。然而直到现在，我依然没有改变这样的做法，依旧使劲向上爬，尽管知道自己的能力不够，知道一定会出差错，但是从没停止向上攀登。也许，这就是贪婪的人性吧。

那会我在酒店工作，当过前台，干过收银，送过行李，伺候过人，绕了一圈从财务部跳到了销售部，酒店三分之一的工种我都做过了，至少也算门儿清。我去销售部，因为这是机会最大的地方，其实就是最赚钱的部门。采购部咱进不去，那不是“平头百姓”能进去的部门。

在销售部混了一段日子，我的业绩节节攀升，一级一级被提拔，后来当上了部门主管，手底下管着几个业务员。那会我根本不懂管理，只知道玩命跑业绩，因为能见到真金白银，所以我的带队方针就是业绩，谁的业绩好谁就是好样的，其他一概不管。这样的管理方式，让我忽视了很多问题，团队矛盾就这样一点点积攒着。

别看只是销售部中的一个小部门，由于我的业绩至上理念，我们几个人的业绩合起来占了整个部门的三分之一，经常被嘉奖，这也让我有些忘乎所以。

我的态度开始有些轻浮，毕竟我的业绩占了二分之一，剩下几个人加起来才能与我持平，我变得很傲慢，固执己见，只要求下属完全服从，不再征询他们的意见。之前平级的同事，现在被我压着，心里本来就不爽，再加上我频繁施压，他们的厌恶情绪开始积聚，我有所察觉却根本没当一回事。

“不干走人！”

我记得在开会的时候公开说过这样一句话，也许还有一些更过激的言辞，具体针对谁已经不记得了，因为那会确实没把他们当回事。

这件事打破了人家的底线，会议不欢而散，而我依然没当回事。渐渐地，他们几个人开始跟我对着干，而且不干活了，整天混日子，销售业绩直线下降，这让我跟他们的关系更加恶化。为此，销售总监多次找我谈话，压力非常大。

压力越大越是急躁，我将矛头指向了手底下的员工，言辞也越来越激烈，甚至故意说一些羞辱人的话。可能是太过分了，几天之后，销售总监再次找到我，说我手底下几个人同时递交辞呈。

实际上，他们没想走，而是去“逼宫”的，销售总监表示公司承担不起这么大损失，让我找他们谈话，并公开道歉。

对于心气正高又固执的我来说，这简直就是公开羞辱，一气之下跟销售总监吵了起来。我以为自己的地位很稳固，表示这些人想辞职就让他们走，用不了一个月我就能组建出一支新的销售队伍。

总监情商明显比我高多了，他没有急，安慰我说，“这些人的确没有你重要，业绩也远不如你，实际上开除他们也没有多大问题，但是你的做法欠妥，不只是他们几个，其他同事也对你有意见，你需要收敛一些……”

正在气头上的我根本听不进去，傻到要跟公司摊牌，要我还是要他们。我给出了最后通牒，总监回去让我等消息。

令我没想到的是，最后走人的竟然是我，真是万万没想到啊！

公司考虑到团队的稳定，选择了辞掉我，这一课让我记忆犹新。后来我意识到，这才是真正的管理智慧，我只是业务水平高，但像我这样的人一点不难找，如果他们迁就我，以后团队就没法管理了。在权衡之后，我成为可以牺牲掉的棋子。

回过头来想一想，我当时真的挺混蛋的，而且太把自己当回事了。团队业绩才是公司最关心的，任何人都是可以舍弃的。我没能管理好自己的员工，导致矛盾在无形之中逐渐积累，达到引爆点之后，基本没有弥补的可能性。就算我当时情商高一些选择道歉，最多也就是保留我在公司的位置，其他人还是会陆续离职，毕竟关系已经闹僵了，表面的和谐是无法提升业绩的。

不要小看团队冲突的破坏力，再厉害的管理者也需要有人支持，没人干活你去管谁？记住，永远不要让团队矛盾影响业绩！

北大学堂：影响团队绩效的关键因素

A. 团队冲突

在我看来，团队矛盾的破坏力最大，一旦大家心不齐，业绩必然受到影响。当所有人都处于钩心斗角或是闷闷不乐的状态时，根本没有心思工作。

B. 管理者领导不力

管理者无能，整个团队的业绩就好不到哪去。一个喜欢瞎指挥的领导，带不出业绩高效的团队。

C. 目标不明

整个团队缺少清晰明确的目标，这也跟管理者脱不了关系，没有目标，大家就没有奋斗的动力，业绩自然不会太好。

D. 职责分工不清

每个人职责不明确,例如都是业务,谁负责跑业务,谁负责打电话……分工不明的情况下,效率肯定会受到影响。总的来说,这都跟管理者脱不了干系。

E. 团队缺少沟通合作

相互不沟通,不合作,每个人闷头傻干,1+1 无法大于 2。A 知道的事 B 不知道,C 要做的事没有告知 D……这样合作起来问题一定少不了。

F. 员工能力不够

有时候限于公司实力,招不来能力强的员工,这样的话工作起来也会出现问题,明明很简单的事,就是做不好,这种情况下,团队业绩也很难提升。

图解分析——团队绩效管理

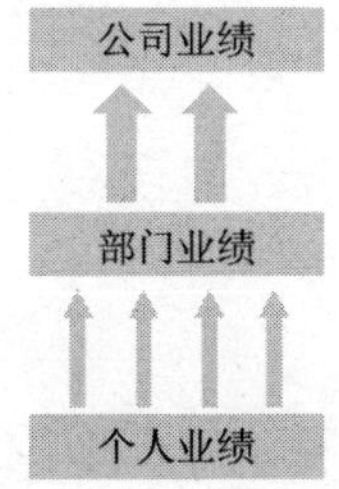

如图所示,业绩考核分为三块,个人业绩→部门业绩→公司业绩。

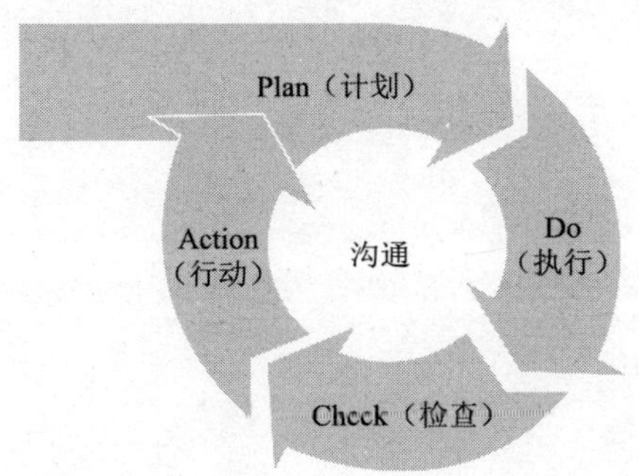

高绩效永远离不开沟通，离不开协作，从计划开始，有了目标坚决执行，完成之后检查，检查无误之后继续行动，直至目标达成。

提高团队绩效的关键问题

- 目标明确：团队目标与个人目标如何统一？
- 领导力：管理者是否具备杰出的领导力？
- 相互信任：团队成员是否彼此信任？如何建立信任感？
- 密切沟通：如何达成有效沟通？
- 分工明确：分工是否明确？每个人的职责是否明确？
- 制度完善：制度是否合理、完善？不合理时的解决方法？
- 奖励机制：奖励机制是否合理有效？能否激发员工热情？